Ulrike Ungerer-Röhrich
Praxis sozialen Lernens im Sportunterricht

Ulrike Ungerer-Röhrich
Roland Singer
Herbert Hartmann
Claudius Kreiter

Praxis sozialen Lernens im Sportunterricht

borgmann

© 1990 borgmann publishing Ltd., Broadstairs (UK)

Vertrieb: Bundesrepublik Deutschland, Österreich und Schweiz durch verlag modernes lernen - 4600 Dortmund 1

Printed in W.-Germany 1990

Bestell-Nr. 8102   ISBN 1-85492-017-0

Urheberrecht beachten!

Alle Rechte der Wiedergabe, auch auszugsweise und in jeder Form, liegen beim Verlag. Mit der Zahlung des Kaufpreises verpflichtet sich der Eigentümer des Werkes, unter Ausschluß des § 53, 1-3, UrhG., keine Vervielfältigungen, Fotokopien und keine elektronische, optische Speicherung auch für den privaten Gebrauch, ohne schriftliche Genehmigung durch den Verlag, anzufertigen. Er hat auch dafür Sorge zu tragen, daß dies nicht durch Dritte geschieht.

Zuwiderhandlungen werden strafrechtlich verfolgt und berechtigen den Verlag zu Schadensersatzforderungen.

Inhalt

	Seite
Vorwort	7
1. Sozialerziehung im Sportunterricht	9
2. Bedeutungen und Zielsetzungen von „Sozialem Lernen"	13
2.1 Auffassungen von „Sozialisation"	13
2.2 „Soziales Lernen" und „Sozialerziehung"	14
3. Theoretische Grundlagen unserer Konzeption „Sozialerziehung im Sportunterricht"	19
3.1 Interaktionistische Rollentheorie	19
3.2 Bedeutung und Problematik der interaktionistischen Rollentheorie für eine Konzeption „Sozialerziehung im Sportunterricht"	20
4. Eine Konzeption „Sozialerziehung im Sportunterricht"	25
4.1 Soziales Lernziel	25
4.2 Schaffung einer für „soziale Lernziele" förderlichen Lernatmosphäre	27
4.3 Soziale Lernziele und Lehrermaßnahmen	32
4.4 Identität und Identitätsdarstellung	44
5. Unterrichtsbeispiele	47
5.1 Vorbemerkungen: Ziele, Inhalte, Aufbau und Beispiele	47
5.2 Große Spiele: Fußball	49
5.3 Kleine Spiele	58
5.4 Rückschlagspiele	66
5.5 Leichtathletik	72
5.6 Gerätturnen	79
5.7 Rollschuhlauf	85
5.8 Circuittraining	89
5.9 Orientierungslauf	94
6. Lehrertraining: Anregungen für die Arbeit am eigenen Verhalten	103
6.1 Anforderungen an den Lehrer	103
6.2 Selbstlernprogramm	109
6.3 Gruppenlernprogramm	113
7. Evaluation	117
7.1 Evaluation des Lehrerverhaltens	118
7.2 Evaluation des Schülerverhaltens	124
8. Literatur	139

Vorwort

Im Rahmen des Wellenschlages sportdidaktischer Diskussion scheinen zur Zeit andere Themen „en vogue" zu sein als solche, die sich mit Fragen des sozialen Miteinanders und den Möglichkeiten sozialen Lernens im Sportunterricht auseinandersetzen.

Aktuelle Entwicklungen in der Szene des außerschulischen Freizeitsports lassen hier eher eine Wiederentdeckung individueller Körperlichkeit erkennen, die sich in vielfältigen Erscheinungsformen zeigt, wie u. a. in meditativen Bewegungstechniken (Tai Chi, Yoga), in Formen der Körperpräsentation (Fitneß-Training, Bodybuilding) oder in gesundheitsbezogenen Angeboten (Rückentraining, Schongymnastik). Ausgelöst durch solche außerschulischen Entwicklungstendenzen scheinen zur Zeit auch in bezug auf den Schulsport eher solche sportdidaktischen Konzeptionen Konjunktur zu haben, die sich mit Möglichkeiten zur Förderung des Körper- und Gesundheitsbewußtseins beschäftigen.

Ist es angesichts dieser Sachlage einer sportdidaktischen Favorisierung individueller Körper-Bildung überhaupt angebracht, eine Abhandlung zur Sozialerziehung auf den Markt zu bringen? Wir sind vom Sinn und der Bedeutung einer solchen eher azyklischen Edition überzeugt. Zum einen sehen wir, daß es trotz der akzentuierten Behandlung von Fragen des sozialen Lernens in der sportdidaktischen Diskussion von Mitte der 70er bis Mitte der 80er Jahre noch eine Vielzahl offener und unbehandelter Probleme gibt, deren Lösung nach wie vor von großer praktischer Relevanz für das alltägliche unterrichtliche Handeln des Sportlehrers ist. Zum anderen meinen wir, daß Sportunterricht nicht einseitig einzelne Sinnorientierungen verfolgen sollte. Gerade angesichts der aktuellen Dominanz von Konzepten individueller Körper-Bildung muß man auch die Möglichkeit der Sozialerziehung im und durch Sport ins Blickfeld rücken und Sportlehrern Hilfen für ihren auch von sozialen Problemen geprägten Unterrichtsalltag geben.

Die Praxisbezogenheit dieses Buches konnte dadurch gesichert werden, daß sich engagierte Sportlehrer finden ließen, die mit uns gemeinsam die Konzeption erörterten und sich bereitfanden, ihren Sportunterricht langfristig daran zu orientieren. Diesen Kollegen gilt unser besonderer Dank.

1. Sozialerziehung im Sportunterricht

Wo Begründungszusammenhänge für Schulsport zur Sprache kommen, werden neben den persönlichkeitsprägenden Wirkungen (wie z.B. Förderung von Selbstbewußtsein und Leistungsbereitschaft) und den gesundheitlichen Wirkungen auch zugleich die sozialerzieherischen Möglichkeiten des Sportunterrichts mit genannt. Kaum ein Lehrplan verzichtet heute bei der Beschreibung der Ziele und Aufgaben des Schulsports darauf.

Es bestand und besteht in der Sportpädagogik weitgehend Übereinstimmung darin, daß der Sportunterricht eine über die Herausbildung und Förderung (sport-)immanenter Fähigkeiten und Fertigkeiten hinausgehende „Sozialisationsfunktion" wahrzunehmen habe.

Das Thema „Soziales Lernen im Sportunterricht" hat die sportdidaktische Theorie der letzten 15 Jahre stark bestimmt. Die Thematik ist jedoch nicht neu, sondern hatte z.B. bereits in der bildungstheoretischen Sportdidaktik unter den Stichworten Gemeinschaftserziehung oder Sozialerziehung einen hohen Stellenwert (vgl. SCHMITZ 1967, 79 f; MESTER 1961, 46 f). Im Zuge der Aufarbeitung sozialwissenschaftlicher Theorien gelangte man jetzt aber zu der Auffassung, daß diese sozialen Lernziele nicht unmittelbar und sozusagen automatisch mit der sportlichen Tätigkeit erreicht werden, sondern daß sie über die Planung und Organisation von gezielten Unterrichtsprozessen erarbeitet werden müssen.

Aber auch über die Erkenntnisse der Sportpädagogik und die Ansprüche der Lehrpläne hinaus sieht sich der Sportlehrer im *Unterrichtsalltag* ständig mit sozialen Problemen konfrontiert. Da wollen in einer gemischten Klasse die Jungen nicht mit den Mädchen zusammen Fußball spielen; da werden Schüler gehänselt, wenn sie wegen ihrer Körperfülle nicht über den Bock springen können; oder da versucht immer wieder eine Gruppe von Vereinsspielern den Lehrer zu bewegen, als Abschlußspiel der Stunde ein „richtiges" Handballspiel durchzuführen, obwohl die meisten Schüler lieber „mal etwas anderes" spielen möchten. Obwohl die Thematik und Problematik sozialen Lernens im Sportunterricht zunehmend zum Gegenstand (sport-)wissenschaftlicher Auseinandersetzung heranwächst, wird der Sportlehrer in vielen Fragen alleine gelassen.

Trotz der Bedeutung, die dieser Problembereich sowohl in der sportdidaktischen Theorie als auch in der alltäglichen Praxis erlangt hat, ist eine Problemlösung noch keineswegs in Sicht. Bislang herrscht - man ist fast versucht zu sagen verständlicherweise - nicht einmal Übereinstimmung darüber, welche sozialen Lernziele im Sportunterricht überhaupt verfolgt werden sollen, mit welchen Methoden und Inhalten sie angegangen werden sollen, und ob der Sportunterricht zur Realisierung allgemeiner sozialer Lernziele überhaupt einen wesentlichen Beitrag leisten kann.

Dies ist hauptsächlich dadurch bedingt, daß die bisher vorgelegten theoretischen Konzeptionen und Modellversuche, die die verschiedensten Lernziele aufgegriffen und Vorschläge zu ihrer gezielten Umsetzung machten, oftmals entweder zu global blieben oder aber nur einzelne Aspekte (z.B. das Wählen von Mannschaften; das Verändern von Spielregeln; die Integration schwacher Schüler; das Problem der Koedukation) aufgriffen und nur selten über einen längeren Zeitraum und unter schulischen Alltagsbedingungen erprobt und hinreichend überprüft wurden.

Nach wie vor scheint es dringend notwendig zu sein
— schulrelevante soziale Lernziele für den Sportunterricht zunächst einmal zu beschreiben,
— soziale Lernziele für den Lehrer im Sportunterricht auch unter „Normalbedingungen" umsetzbar zu machen,
— soziale Lernziele im Rahmen einer langfristigen Perspektive zu planen (z.B. Jahrescurriculum),
— bei aller Praxisorientierung aber auch die Verbindung zu einem theoretischen Bezugsrahmen sicherzustellen.

So ist das zentrale Anliegen dieses Buches, ausgehend von einem theoretischen Bezugsrahmen, dem Lehrer vor allem praktische Hilfen für sein Verhalten im Unterricht, für die Planung, Durchführung und schließlich auch für eine Überprüfung (Kontrolle) eines Sportunterrichts zu geben, der soziale Lernziele auch langfristig und dauerhaft zum Ziel des Unterrichts macht.

Grundlage für diese Arbeit ist ein mehrjähriges Forschungsprojekt, das am Institut für Sportwissenschaft der TH Darmstadt durchgeführt wurde und als Kern einen einjährigen Unterrichtsversuch beinhaltete, bei dem in 5. und 6. Klassen verschiedener hessischer Gymnasien unter schulischen Normalbedingungen ein verstärkt sozialerzieherischer Sportunterricht erteilt wurde.

Die Unterrichtskonzeption wurde in enger Kooperation zwischen der Projektgruppe des Institutes für Sportwissenschaft und den Sportlehrern der betreffenden Klassen, die den Unterricht auch selbst erteilten, ausgearbeitet.

Eine stärkere und bewußtere Orientierung an sozialen Lernzielen konnte für die Durchführung des Sportunterrichts nicht bedeuten, daß er lediglich unter dieser Zielperspektive betrieben werden sollte. Die anderen Lernbereiche, insbesondere auch der motorische, behielten im Rahmen von Lehrplanvorgaben und der Ausnutzung großer Gestaltungs-Spielräume für den Lehrer ihre Gültigkeit. Die Akzentuierung bedeutete aber, daß soziale Lernziele in bestimmten Phasen des Unterrichts in den Vordergrund rückten und auch im Gesamtkonzept des Sportunterrichts durchgängig eine ernstzunehmende Dimension darstellen sollten.

Die Durchführung eines Forschungsprojektes machte die Eingrenzung der Untersuchung auf eine bestimmte Klassenstufe notwendig. Aber sowohl der grundlegende theoretische Ableitungszusammenhang als auch die Unterrichtskonzeption insgesamt und schließlich die einzelnen Unterrichtsbeispiele sind mit gewissen Veränderungen auf nahezu alle Klassenstufen übertragbar.

Das Buch wendet sich daher an alle Sportlehrer, die in Klassen der Primar- und Sekundarstufen unterrichten. Es ist hauptsächlich als eine praktische Anleitung für einen verstärkt sozialerzieherischen Sportunterricht gedacht. Entsprechende Unterrichtsbeispiele bilden daher einen Hauptbestandteil des Buches. Einleitend erscheint es uns aber notwendig, eine kurze Einführung in die theoretischen Grundlagen der Sozialerziehung zu geben. Aus dieser werden dann die konkreten, auf den Sportunterricht bezogenen Ziele und die Beschreibung von Maßnahmen abgeleitet, die geeignet erscheinen, sozialerzieherische Ziele zu erreichen (vgl. SINGER/UNGERER-RÖHRICH 1984 und UNGERER-RÖHRICH/SINGER 1985. Nach der Beschreibung von Unterrichtsbeispielen werden weitere Hilfen gegeben und dargestellt, welche Möglichkeiten für den Lehrer bestehen, sich selbst für die Umsetzung einer solchen Unterrichtskonzeption weiter zu qualifizieren. Abschließend zeigen wir, wie sozialerzieherisch akzentuierter Sportunterricht auf seine Wirkung hin überprüft werden kann.

2. Bedeutungen und Zielsetzungen von „Sozialem Lernen"

Da sich die verschiedenen Definitionen „sozialen Lernens" jeweils direkt oder indirekt auf bestimmte Auffassungen von „Sozialisation" beziehen, ist es sinnvoll, zunächst auf diesen Begriff einzugehen.

2.1 Auffassungen von „Sozialisation"

Angesichts der Vielschichtigkeit des Sozialisation genannten Geschehens ist es kaum verwunderlich, daß es hierzu eine kaum noch überschaubare Zahl von Definitionen und Konzepten gibt, die aus unterschiedlichsten Blickwinkeln die unterschiedlichsten Aspekte an diesem Geschehen aufgreifen. Dennoch kann in einer ersten Näherung und aus eher psychologischer Sicht gesagt werden, *daß der Begriff Sozialisation „den Prozeß der Persönlichkeitsentwicklung in Abhängigkeit von sozialer Umwelt und gesellschaftlichen Strukturen"* (KEMPER/PRENNER 1979, 136) bezeichnet. Diese Umschreibung stützt sich weitgehend nur auf das, was allgemein unbestritten ist, nämlich „daß der Mensch von seiner Geburt an bis an das Ende seines Lebens in Interaktion mit den sozialen Gegebenheiten seiner Umwelt steht und daß sich daraus sein Verhalten und Erleben beeinflussende Konsequenzen ergeben" (FRÖHLICH/WELLEK 1972, 661), und ist dementsprechend weit gefaßt. Nähere Kennzeichnungen dieses Prozesses sind jedoch schwierig, da bei der Frage, wie Sozialisation, wie die „Vergesellschaftung der menschlichen Natur" zu deuten sei, die Gemeinsamkeiten aufhören. Bei der Durchsicht der Literatur wird aber deutlich, daß sich zumindest zwei Perspektiven unterscheiden lassen.

Zum einen geht es bei der Sozialisation um das Hineinwachsen des einzelnen in die Gesellschaft, um soziale Eingliederung, um die Übernahme vorgegebener Verhaltensstandards, Normen und Werte, um Anpassung und gesellschaftlich vermittelte Zwänge.

Zum anderen geht es bei der Sozialisation jedoch auch darum, das menschliche Individuum gleichsam erst hervorzubringen, ihm zu einer persönlichen Identität zu verhelfen, es zu selbständigem sozialen Handeln zu befähigen (KAMPER 1974; KEMPER/PRENNER 1979).

Eine Definition, die beide Perspektiven anspricht, ist etwa die von NEIDHARDT (1974, 26): „Sozialisation heißt: sozial vermitteltes Erlernen der Bereitschaft und der Fähigkeit, soziale Rollen auszuüben und zu gestalten. Dieser Prozeß beinhaltet die Aneignung von Wertorientierungen, Normbindungen, Gefühlen und Kenntnissen sowie den Versuch, mit ihrer Verschränkung und Korrektur eine persönliche Identität aufzubauen".

Neben dem bis jetzt nur angesprochenen Aspekt der *„Sozialwerdung"* umfaßt der Begriff Sozialisation häufig auch den Aspekt der *„Sozialmachung"*. Damit sind alle mehr oder weniger gezielt eingesetzten Maßnahmen gemeint, durch die Kinder und auch Erwachsene zu „passenden" Mitgliedern der Gesellschaft oder bestimmter Gruppierungen der Gesellschaft herangebildet werden sollen (FEND 1974; MINSEL/BARTUSSEK 1977). Sozialmachung umfaßt also den Gesamtbereich der „Sozialerziehung".

Sieht man sich in der Sozialisationsforschung um, so kann man mit HURRELMANN zur Auffassung gelangen, daß der Begriff „Sozialisation" fast alles zu umfassen scheint, was in irgend einer Weise Entwicklung, Lernen und Erziehung zum Gegenstand hat. Der Begriff „Sozialisation" scheint derzeit kaum mehr zu sein als der Ausdruck einer allgemeinen Orientierung an der Gesellschaftsbezogenheit der Persönlichkeitsentwicklung und ein Oberbegriff zur Ordnung und Integration einer Reihe diesbezüglicher empirischer Sachverhalte (HURRELMANN/ULICH 1980, 7 f). Fest steht, daß es derzeit keinen einheitlichen Begriff und keine einheitliche Theorie von Sozialisation gibt, ja es fraglich ist, ob dies in Anbetracht des damit angesprochenen komplexen Prozesses überhaupt möglich sein wird.

2.2 „Soziales Lernen" und „Sozialerziehung"

Bei dieser Sachlage kann es nicht überraschen, daß auch der Begriff „Soziales Lernen" „unscharf und in der Praxis und Literatur vorerst willkürlich, pragmatisch und uneinheitlich benutzt wird" (PRIOR 1976, 364). So werden bisweilen „Soziales Lernen" und „Sozialisation" gleichgesetzt. Nach KAMPER (1974, 541) etwa wird unter Sozialisation „jener Prozeß des sozialen Lernens begriffen, durch den die (heranwachsenden) Individuen im Rahmen einer bestimmten Gesellschaft und im Medium gesellschaftlichen Umgangs sozial handlungsfähig werden". Daneben finden sich Definitionen sozialen Lernens, in denen der Anpassungsaspekt überwiegt. So heißt es bei OERTER (1974, 68), soziales Lernen bestehe „in der Übernahme der von der Gesellschaft vorgeschriebenen Verhaltensweisen, Haltungen (Gesinnungen) und Leistungen". Soziales Lernen wird jedoch auch als „Erwerb sozialer Kompetenz aufgefaßt, die . . . als die Fähigkeit verstanden wird, Rollen zu spielen und zu gestalten, aber auch Rollen abzulehnen und durch die Veränderung sozialer Strukturen neue Rollen schaffen zu können" (CACHAY/KLEINDIENST 1976, 292). Hier wird also nicht nur der Anpassungsaspekt, sondern auch die aktive, mitgestaltende Rolle des Individuums und damit - zumindest ansatzweise - die Entwicklung des einzelnen zur unverwechselbaren Persönlichkeit betont.

Darüber hinaus gibt es auch Definitionen, in denen soziales Lernen „als bewußt und gezielt betriebene Sozialerziehung" (PRIOR 1976, 9) verstanden wird. So ist nach GEIST/WEICHERT (1981, 170) unter sozialem Lernen im Sportunterricht der Schule „der absichtsvoll geplante und zielgerichtete Anteil schulischer Sozialisation gemeint, der auf Bewußtmachung ablaufender oder bereits gewesener (oft un- oder vorbewußter) Sozialisationsprozesse abzielt".

Betrachtet man diese wenigen Definitionen sozialen Lernens näher, so wird nicht nur ihr Bezug zu den verschiedenen Auffassungen von Sozialisation deutlich, sondern es fällt auch auf, daß hierbei nicht immer klar zwischen dem, was gelernt wird, und dem, was gelernt werden soll, unterschieden wird.

Dies gilt auch für alle Versuche, die Inhalte sozialen Lernens näher zu umreißen, wobei in erziehungswissenschaftlichen Beiträgen natürlich Angaben darüber, was gelernt werden soll, vorherrschen. Die Spannweite der hier entwickelten Zielvorstellungen ist sehr groß und reicht von an kulturelle Traditionen gebundenen Normen, Werten, Verhaltensstandards und von prosozialem Verhalten über Interaktions- und Kommunikationsfähigkeit und allgemeine Handlungskompetenz bis zur politischen Handlungsfähigkeit. So nennt etwa PRIOR (1976, 83 f) als Richtziele einer grundlegenden Sozialerziehung in der Schule Identität, Toleranz, Kooperation, Kritikfähigkeit und -bereitschaft, Solidarität, Sensibilität und Sprache. SCHREINER (1973) arbeitet als Bezugspunkte für eine Theorie des sozialen Lernens „lernen, mit anderen zusammen solidarisch und effizient zu arbeiten", „lernen, Emotionen bei sich selbst und anderen wahrzunehmen, zu verstehen und mit ihnen umzugehen" und „lernen, im Sinne sozialer Emanzipation politisch handlungsfähig zu werden" heraus.

KEMPER/PRENNER (1979) fassen die Lernziele sozialisationsorientierter Konzepte im Sportunterricht unter den Lernzielakzenten „Emanzipation", „Interaktionsfähigkeit und Kooperationsfähigkeit" und „Kommunikation bzw. kommunikative Kompetenz" zusammen, wobei sie noch zusätzlich auf die pädagogische Absicht der „Förderung und Integration schwacher Schüler" und der „Koedukation" verweisen.

Nun sind natürlich solche Auflistungen dessen, was im Sozialisationsprozeß und speziell in dem von der Schule beeinflußten Teil gelernt werden sollte, aus pädagogischer Sicht erlaubt und notwendig. Problematisch wird es jedoch, wenn der Begriff „soziales Lernen" auf den Erwerb dieser Inhalte bzw. die Annäherung des Lernenden an diese Ziele eingegrenzt wird und eine Vermengung bzw. gar Gleichsetzung des Begriffes „soziales Lernen" mit dem der „Sozialerziehung" erfolgt.

Da Lernen und damit auch „soziales Lernen" einen letztlich in der Person ablaufenden Prozeß meint und der Erzieher zwar durch Maßnahmen (soziales) Lernen anregen, unterstützen und beeinflussen, aber nicht in strengem Sinne planen kann, ja die sozialen Bedingungen des erzieherischen Handelns jede pädagogische Absicht vereiteln können (KAMPER 1974; CACHAY/KLEINDIENST 1976), sollte zwischen der pädagogischen Absicht und den zu ihrer Verwirklichung ergriffenen Maßnahmen einerseits und dem beim Adressaten dieser Maßnahmen tatsächlich ausgelösten Lernprozeß andererseits, sollte zwischen (Sozial-)Erziehung und (sozialem) Lernen unterschieden werden. Außerdem ist nicht einzusehen, warum man den Begriff „soziales Lernen" nur für jene Prozesse verwenden sollte, die in Situationen mit pädagogischer Strukturierung ablaufen, findet doch sicherlich „Soziales Lernen" auch in Situationen ohne pädagogische Strukturierung mit und ohne Absicht (beiläufiges soziales Lernen) statt. Darüber hinaus ist es auch nicht einzusehen, daß etwa Toleranz, nicht aber Intoleranz das Ergebnis sozialen Lernens sein soll. Eine solche Sicht würde auch den Blick dafür frei machen, daß natürlich auch der sogenannte „Heimliche Lehrplan" d.h., die nicht bewußt geplanten, nicht hinterfragten institutionellen Organisationsformen von Schule und unterrichtlichen Interaktionen dem Schüler bestimmte soziale Erfahrungen vermitteln, also soziales Lernen auslösen.

Der Sportlehrer, der sagt, er halte nichts von „sozialen Lernzielen" und halte sich lieber an die motorischen, hat nicht gründlich genug nachgedacht. Die Art seiner Unterrichtsgestaltung, wie er mit seinen Schülern umgeht, wie er Beziehungsprobleme behandelt, wie er die motorischen Lernziele anzustreben versucht, wird nämlich das soziale Handeln seiner Schüler langfristig nicht unbeeinflußt lassen. Die Frage kann also nicht lauten: „Soziales Lernen im Unterricht ja oder nein?" sondern nur: „Ist das, was die Schüler in meinem Unterricht für ihr soziales Handeln lernen, von mir pädagogisch vertretbar?"

Nun drängt sich natürlich spätestens hier die Frage auf, worauf sich denn „soziales Lernen" bezieht. Hierauf läßt sich derzeit kaum mehr sagen, als daß „soziales Lernen" in erster Linie mit „sozialem Handeln" in Zusammenhang gebracht wird.

Will man allerdings mehr damit erreichen, als einen unklaren Begriff durch einen anderen unklaren Begriff zu umreißen, wird man um eine Präzisierung des Begriffes „soziales Handeln" nicht herumkommen.

Man sollte von sozialem Handeln erst dann sprechen, „wenn es ein Handeln ist, das sich intentional in bestimmter Weise auf andere Subjekte bezieht" oder - anders ausgedrückt - „wenn es seinem von dem oder den

Handelnden gemeinten Sinn nach auf das Verhalten anderer bezogen wird und daran in seinem Ablauf orientiert ist" (GEULEN 1982, 26 f).

Wir wollen uns hier mit dieser zugegebenermaßen noch nicht hinreichenden Präzisierung des Begriffes „soziales Handeln" begnügen und folgendes festhalten:

Fragen nach dem „sozialen Lernen" beziehen sich darauf, wie auf andere Subjekte bezogenes Handeln gelernt wird, welche Voraussetzungen und Bedingungen es beeinflussen und wie es abläuft.

Fragen nach der „Sozialerziehung" beziehen sich demgegenüber darauf, wie aus pädagogischer Sicht wünschenswertes soziales Handeln aussehen sollte und mit welchen Maßnahmen man in den Prozeß des sozialen Lernens eingreifen kann, um sich diesem Ziel zu nähern.

3. Theoretische Grundlagen unserer Konzeption „Sozialerziehung im Sportunterricht"

Als Ausgangspunkt unserer Konzeption „Sozialerziehung im Sportunterricht" haben wir die sogenannte interaktionistische Rollentheorie gewählt. Der Grund dafür liegt darin, daß diese Theorie auf die für jede Sozialerziehung zentrale Frage, wie wünschenswertes soziales Handeln aussehen sollte und mit welchen Maßnahmen man in den Prozeß des sozialen Handelns eingreifen kann, zumindest teilweise eine in unseren Augen befriedigende Antwort zu geben vermag. Im folgenden werden wir diese Theorie kurz darstellen und dann ihre Bedeutung, aber auch ihre Problematik für eine Konzeption „Sozialerziehung im Sportunterricht" herausarbeiten.

3.1 Interaktionistische Rollentheorie

Mit „interaktionistischer Rollentheorie" ist hier jene Theorie gemeint, wie sie von HABERMAS (1968), v.a. aber von KRAPPMANN (1975) aus der Kritik an der klassischen Rollentheorie und in Anknüpfung an den symbolischen Interaktionismus von MEAD entwickelt wurde.

Die Rollen in einer Interaktion bestehen nach diesem Konzept aus den gegenseitigen Verhaltenserwartungen. Diese sind in der Regel nicht genau definiert und vorgegeben, sondern lassen einen gewissen Spielraum für subjektive Interpretationen durch die Rollenpartner, sind also interpretationsbedürftig. Die Interaktionspartner müssen demnach die Erwartungen des anderen zu erkennen versuchen und sie dann in die Planung ihres Verhaltens aufnehmen, um eine gemeinsame Interaktionsbasis zu schaffen. Dabei kann kein Interaktionspartner die ihm angesonnenen Erwartungen völlig übernehmen, da ihm dies unmöglich machen würde, seine eigenen Bedürfnisse in die Interaktion einzubringen, und keiner kann sie völlig übergehen, da er sich damit aus der Interaktion ausschließen würde. Vom Individuum wird also verlangt, sowohl „zu sein wie kein anderer" als auch „zu sein wie alle anderen". Zwischen diesen sich ausschließenden Anforderungen zu balancieren ist die Leistung des Individuums, die in diesem Konzept als „Ich-Identität" bezeichnet wird und als ein grundlegendes Erfordernis des Interaktionsprozesses angesehen wird.

Alltägliche Interaktion erfordert also, Situationen und Rollen zu interpretieren, auf die Erwartungen des Interaktionspartners einzugehen, aber doch nicht in ihnen aufzugehen und seine eigenen Bedürfnisse mit einzubringen und auch bei nicht vollständiger Befriedigung eigener Bedürfnisse noch zu interagieren.

Um in diesem Sinne handlungsfähig zu sein, sind nach KRAPPMANN folgende Grundqualifikationen des Rollenhandelns nötig:

1. Rollenübernahme

Die Fähigkeit, sich in die Rolle eines anderen zu versetzen, die Erwartungen von Interaktionspartnern zu erkennen.

Die Situation aus der Perspektive des Interaktionspartners sehen und dessen Wünsche und Erwartungen an mein Verhalten, eventuell auch dessen Gefühlslage, erkennen.

2. Rollendistanz

Die Fähigkeit, sich gegenüber Normen und Rollenerwartungen reflektierend und interpretierend zu verhalten.

Die erkannten Wünsche und Erwartungen, die der jeweilige Interaktionspartner an mein Verhalten hat, mit eigenen Wünschen und Erwartungen bzw. Werten und Normen in Beziehung setzen und sich mit ihnen auseinandersetzen.

3. Ambiguitätstoleranz

Die Fähigkeit, neben der Befriedigung, die eine Interaktion gewährt, ein gewisses Maß an gleichzeitig auftretender und durch eben diese Interaktion erzeugter Unbefriedigtheit zu ertragen. Widersprüchliche Erwartungen ertragen und die Interaktion auch dann fortsetzen können, wenn die eigenen Wünsche und Erwartungen nicht voll befriedigt werden.

4. Identitätsdarstellung

Die Fähigkeit, seine Identität in den Interaktionsprozeß einzubringen, seine Identität zu präsentieren. Die eigenen Wünsche und Erwartungen dem Interaktionspartner gegenüber zu erkennen geben, nicht nur dessen Erwartungen übernehmen.

Diese Grundqualifikationen für Rollen-Handeln und das diese Fähigkeiten tragende Sprachvermögen bei den Mitgliedern einer Gesellschaft auszubilden, ist nach KRAPPMANN (1975, 210) „strukturelle Bedingung für den Fortgang der in einer Gesellschaft notwendigen Interaktionsprozesse" und damit auch Aufgabe der (Sozial-)Erziehung.

3.2 Bedeutung und Problematik der interaktionistischen Rollentheorie für eine Konzeption „Sozialerziehung im Sportunterricht"

Die interaktionistische Rollentheorie und vor allem die Version von KRAPPMANN (1975) kann in eine Konzeption „Sozialerziehung im Sportunterricht" zweifellos eine Reihe wichtiger Aspekte einbringen.

So macht die Theorie darauf aufmerksam, daß es bei sozialen Lernzielen nicht nur um mehr oder weniger an kulturelle Traditionen gebundene Normen, Verhaltensweisen und Gewohnheiten gehen kann, die den Umgang der Menschen miteinander regeln wie z.B. zu anderen Personen höflich sein, andere Überzeugungen tolerieren, beim Essen nicht schmatzen, Respektspersonen rechts gehen lassen usw. Auch und zu allererst muß es um grundlegende Verhaltensanforderungen gehen, die Voraussetzung für die soziale Interaktion sind und - vielleicht gerade deswegen - den Menschen selten bewußt sind. „Diese Verhaltensanforderungen beziehen sich darauf, wie man den anderen - den Interaktionspartner - mit seinen Vorstellungen und Bedürfnissen überhaupt wahrnimmt und wie man in Anbetracht des Spielraumes von Normen und ihrer Veränderbarkeit eine gemeinsame Verständigungs- und Handlungsbasis gewinnt" (KRAPPMANN 1977, 192).

Die Sozialerziehung sollte danach in erster Linie die vier Grundqualifikationen des Rollenhandelns - wie sie eben kurz dargestellt wurden - bei den Heranwachsenden zu fördern versuchen.

Die Theorie gibt aber nicht nur Hinweise über die zu fördernden Qualifikationen bzw. Fähigkeiten, sondern z.T. auch über den Weg, auf dem dies geschehen kann.

Ausgangspunkt ist dabei die Überzeugung, daß „Sozialisationsinstanzen" wie Familie, Kindergarten, Vorschule, Schule, Gruppe der Gleichaltrigen Interaktions- und Problemlösungsfelder darstellen, die die Kinder gleichsam aufnehmen, deren Regeln das Kind übernimmt und auf deren Belohnungssystem es sich einstellt. Die beim Kind sich entwickelnden grundlegenden Interaktionsfähigkeiten bilden Verhaltensmuster von Personen in sozialen Beziehungssystemen ab.

Je nachdem, ob bzw. in welchem Ausmaß in den Interaktionen, in die das Kind in diesen Sozialisationsinstanzen eingebunden ist, soziale Sensibilität, Flexibilität im Umgang mit Erwartungen und Regeln sowie Toleranz gegenüber den Bedürfnissen anderer dem Kind begegnet und von ihm gefordert wird, wird es diese Grundqualifikationen ausbilden.

Das Problem, soziale Lernziele zu verfolgen, besteht damit in der Regel darin, daß - um mit KRAPPMANN (1977, 193) zu sprechen - „das Lernziel zugleich die konstitutive Dimension derjenigen Prozesse ist, in denen die Interaktions- und Lerndispositionen des Individuums insgesamt erst entstehen". Das heißt, daß man zwar Sozialverhalten trainieren kann, etwa Kindern beibringen kann, „danke" zu sagen, wenn sie etwas geschenkt bekommen, daß man aber Dankbarkeit, Vertrauen, Kooperationsbereitschaft, Rollenübernahme usw. kaum in gleicher Weise schulen, schon gar nicht „befehlen" kann. Ja, man muß hinzufügen, daß - zum vorrangigen und strikt kontrollierten Programm erhoben - auch die positive Absicht, Grundqualifikationen des sozialen Verhaltens zu fördern, stets davon bedroht ist, sich selber zu zerstören. „Sie versucht zu erzwingen, was sich nur ‚von selbst' entwickeln kann, nämlich als Antwort auf eine Interaktionssituation, in der es wirklich nötig ist, auf die Intentionen der Beteiligten einzugehen" (KRAPPMANN 1977, 199). Will man also nicht lediglich zweckrationales Verhalten auf seiten der Schüler provozieren und prämiieren, muß in der Schule Raum für spontanes soziales Verhalten gewährt werden, müssen die sozialen Interaktionen in der Schule selbst den Beteiligten mehr soziale Sensibilität, mehr Flexibilität gegenüber Normen und Rollenerwartungen, mehr Toleranz gegenüber den, von den eigenen abweichenden Bedürfnissen abverlangen sowie Möglichkeiten einräumen, sich selbst in seiner Identität darzustellen. Daß dies unter den gegenwärtigen schulischen Bedingungen - man denke nur an das Belohnungs- und Strafsystem der Schule, die Zuweisung der Verantwortlichkeit für Lehre und Disziplin an den Lehrer, die oftmals ritualisierten Interaktionen von Lehrern und Schülern - nicht ohne weiteres zu realisieren ist, dürfte einleuchtend sein.

Damit ist aber nicht nur ein Problem der Umsetzbarkeit der interaktionistischen Rollentheorie angesprochen, sondern gleichfalls eine Unzulänglichkeit dieser Theorie. Nach ihr enthalten soziale Beziehungen und Interaktionen Spielräume der Interpretation, jedoch bleibt dabei „ungeklärt, welche Werte und Normen überhaupt Gegenstand von ‚Interpretationen' sein können, die auf interpersonaler Ebene stattfinden können. Normen und Bedeutungen befinden sich sicher nicht nur in den Köpfen individueller Interpreten, sondern sie entsprechen eher gesellschaftlichen Struktur- und Ordnungsprinzipien, die aus realen politischen Machtkämpfen hervorgegangen sind und keineswegs durch ‚Aushandeln' auf interpersonaler Ebene verändert werden können" (ULICH 1976, 45). Außerdem gibt es in unserer Gesellschaft auch objektive, gegensätzliche Interessen, die nicht bloße Verständigungsprobleme darstellen und auch nicht durch vernünftige Argumentation im herrschaftsfreien Raum miteinander verträglich gemacht werden können.

Eine Konzeption „Sozialerziehung im Sportunterricht" auf rein interaktionistischer Basis steht also immer in Gefahr, die *makrosoziale Ebene* (ULICH 1976) bzw. die Gesellschafts- und Institutionsebene (GEULEN/HURRELMANN 1980) des Problembereiches nicht oder nicht hinreichend zu berücksichtigen und damit den schulischen Sozialisationsvorgang auf die Verständigungsproblematik einer idealen Gesprächssituation zu reduzieren (BECKER 1982, 10).

Aber nicht nur die makrosoziale Ebene muß berücksichtigt werden, sondern auch die *personale Ebene.* Hier sind vor allem die sozial-kognitiven Voraussetzungen auf seiten der Interaktionsteilnehmer für entsprechendes

Sozialverhalten zu nennen. Das Konzept der interaktionistischen Rollentheorie stellt nämlich ein „Erwachsenenmodell" dar, weil die darin angesprochenen Teilqualifikationen bei Kindern schon aufgrund fehlender sozial-kognitiver Voraussetzungen unter Umständen noch nicht hinreichend ausgeprägt sein können. Eine Konzeption „Sozialerziehung im Sportunterricht" muß also auch Erkenntnisse über die Entwicklung der sozial-kognitiven Voraussetzungen des Sozialverhaltens mit berücksichtigen, denn „erst eine Bestimmung der Stufe der kognitiven oder sozialen Entwicklung eines bestimmten Kindes führt den Erzieher zu einem Verständnis davon, wie das Kind selbst die Welt sieht und bewahrt ihn davor, kognitiv-begriffliche und emotionale Fähigkeiten zu erwarten, die das Kind noch gar nicht entwickelt hat" (SELMAN 1982, 225).

4. Eine Konzeption „Sozialerziehung im Sportunterricht"

Dieses Kapitel stellt unsere Konzeption zur „Sozialerziehung im Sportunterricht" dar. Wir wollen schulrelevante soziale Lernziele formulieren und geeignete Maßnahmen nennen, um diese Ziele zu erreichen.

Wir beschränken uns dabei auf ein Leitziel, um die Umsetzung in den schulischen Alltag zu vereinfachen; außerdem soll die Konzentration auf einen Zielbereich die Vielfalt der Lernanregungen zugunsten ihrer Intensität etwas beschränken. Damit wird natürlich auf andere, vielleicht genauso wünschenswerte soziale Lernziele verzichtet.

Aufbauend auf den schon kurz angesprochenen Grundlagen der interaktionistischen Rollentheorie formulieren wir ein aus der Theorie begründetes Leitziel (Abschnitt 4.1). Die Schaffung eines günstigen Lernklimas wird in Abschnitt 4.2 beschrieben. Das Leitziel wird in Abschnitt 4.3 in verschiedene Teilziele zerlegt, dabei werden Maßnahmen genannt, die geeignet sind, die Erreichung dieser Teilziele zu unterstützen.

Einige der von uns verwendeten Begriffe werden für interessierte Leser in Exkursen genauer beschrieben.

4.1 Soziales Leitziel

Der Sportunterricht ist ein Interaktionsgeschehen, in dem die Schüler mehr als in jedem anderen Unterrichtsfach miteinander interagieren. Sie müssen, um nur einige Beispiele zu nennen, Mannschaften bilden, Geräte teilen, in Gruppen spielen oder einander Hilfestellung geben. Diese Situationen müssen die Schüler umso selbständiger bewältigen, je mehr der Unterricht schüler- und nicht lehrerzentriert ist. Beobachtet man im Sportunterricht, wie Kinder ihre sozialen Beziehungen regeln, so stellt man fest, daß meist nur einige Kinder das Geschehen bestimmen. Eine solche unausgewogene Interaktion kann kaum die Wünsche und Erwartungen aller Kinder befriedigen.

Zur Verbesserung des sozialen Geschehens im Sportunterricht orientieren wir uns im wesentlichen an der *interaktionistischen Rollentheorie* (vgl. Abschnitt 3.1) und Ergebnissen bzw. Vorschlägen der Entwicklungspsychologie. In der interaktionistischen Rollentheorie wird wie im symbolischen Interaktionismus davon ausgegangen, daß man als Teilnehmer an einer Interaktion bspw. durch Gesten oder sprachliche Äußerungen erfährt, was der andere möchte. Da diese Information nicht unbedingt eindeutig ist, muß man sich bemühen, sie richtig zu erkennen und zu interpretieren. Diese (möglichst) richtig erkannten Erwartungen des oder der anderen müssen dann in die Planung des eigenen Verhaltens aufgenommen werden. Dies muß natürlich wechselseitig geschehen, um eine gemeinsame Interaktionsbasis zu schaffen. Dabei kann einerseits kein Interaktionspartner die an ihn gerichteten Erwartungen völlig übernehmen, da ihm dies unmöglich machen würde, seine eigenen Bedürfnisse in die Interaktion einzubringen, andererseits kann keiner sie völlig ablehnen, da er sich damit aus der Interaktion ausschließen würde. Für den Interaktionsprozeß ist es wichtig, daß die Interaktionspartner ein gewisses Gleichgewicht zwischen den eigenen Wünschen und Erwartungen und denen der Interaktionspartner herstellen. Nur wenn dies zumindest annähernd gelingt, kann eine längerfristige, für alle Teilnehmer einigermaßen befriedigende Interaktion entstehen. Genau das wollen wir im Sportunterricht zu realisieren versuchen und formulieren deshalb als Leitziel:

> Die Schüler sollen lernen – soweit es die Unterrichtsbedingungen erlauben – so miteinander Sport zu treiben, daß die Wünsche und Erwartungen der Interaktionspartner ausgewogen Berücksichtigung finden.

Diese Leitidee wollen wir zur Grundlage unserer konkreten Ziele für den Sportunterricht und der sich daraus ergebenden Maßnahmen machen. Um sie ansatzweise zu erreichen, benötigt man bestimmte Qualifikationen (vgl. 3.1):

Rollen-/Perspektivenübernahme
Sich in den anderen hineinversetzen können, die Situation aus der Perspektive des anderen sehen und seine Erwartungen erkennen können.

Rollendistanz
Sich mit den Erwartungen anderer kritisch auseinandersetzen können.

Ambiguitätstoleranz
Teilweise auf die Befriedigung eigener Wünsche verzichten können, ohne die Interaktion abzubrechen.

Identitätsdarstellung
Eigene Wünsche und Erwartungen dem Interaktionspartner mitteilen können.

Die Ausbildung und Förderung der genannten Fähigkeiten ist notwendig und damit eine wichtige Aufgabe von Sozialerziehung. Dabei müssen die konkreten Unterrichtsbedingungen selbstverständlich Berücksichtigung finden, denn die Probleme, die sich durch die Zwangsgemeinschaft Klasse, das Machtgefälle Lehrer-Schüler und die Rahmenbedingungen der Schule (räumliche Gegebenheiten, Lehrplan usw.) ergeben, können bei ungenügender Beachtung schon Ansätze in Richtung auf unsere sozialen

Lernziele zunichte machen. Um Mißverständnisse zu vermeiden, möchten wir ausdrücklich darauf hinweisen, daß wir motorische Lernziele zwar nirgends direkt ansprechen, daß diese Lernziele aber selbstverständlich auch in „unserem" Unterricht eine zentrale Rolle einnehmen.

4.2 Schaffung einer für „soziale Lernziele" förderlichen Lernatmosphäre

Was kann der Lehrer ganz allgemein tun, um Voraussetzungen zu schaffen, die ein Erreichen unseres Leitziels möglich machen?

Der Lehrer muß zunächst versuchen, in einer eher personorientierten Interaktion Situationen zu schaffen, die den Beteiligten mehr soziale Sensibilität, größere Spielräume gegenüber Normen und Rollenerwartungen, mehr Toleranz gegenüber den von den eigenen abweichenden Bedürfnissen abverlangen sowie den Schülern Möglichkeiten einräumen, sich selbst in ihrer Identität darzustellen.

Personorientierte Interaktion

BERNSTEIN (1970) hat im Hinblick auf die Sprachentwicklung zwei Formen familialer Interaktion beschrieben: Person- und positionsorientierte Beziehungssysteme, die wir auf die schulische Interaktion übertragen haben.

In Familien, die *personorientiert* interagieren, werden die individuellen Bedürfnisse und Eigenschaften der Interaktionspartner berücksichtigt, Entscheidungen werden eher in Diskussionen verhandelt, und die Berufung auf den Formalstatus der Betroffenen ist seltener. So erreichen Kinder ihre Position im Kommunikationssystem der Familie durch ihre einzigartigen sozialen, affektiven und kognitiven Eigenheiten. Ein wichtiges Merkmal personorientiert interagierender Familien ist, daß Kinder lernen, ihre eigenen Rollen zu definieren, anstatt sie formal zugeschrieben zu bekommen, wie in eher *positionsorientierten* Beziehungssystemen. Dort machen sie auch weniger differenzierte kognitive, emotionale und soziale Lernerfahrungen, weil eine wenig elaborierte Form des Sprachgebrauchs vorherrscht (vgl. KELLER 1976, 104 ff).

Von Entwicklungspsychologen wird einer eher personorientierten Interaktionsform ein förderlicher Einfluß auf die sozial-kognitive Entwicklung zugeschrieben.

In einem Unterricht, in dem „personorientiert" interagiert wird, sollen Schüler Einsicht in die Gefühle, Motive und Intentionen anderer gewinnen, da diese im Prozeß der Interaktion zugänglich gemacht werden. Situationen werden nicht allein vom Lehrer vorgegeben und bestimmt, vielmehr werden die Erwartungen von Lehrern und Schülern wechselseitig interpretiert. Dadurch können Lehrer und Schüler eine Vielzahl an interpersonalen Erfahrungen er-

> werben, und vor allem wird den Schülern ein relativ großer Spielraum für die Definition eigener Erwartungen zugestanden. Zum Erkennen der vielfältigen Erwartungen benötigt man einerseits sozial-kognitive Kompetenzen, fördert sie aber auch gleichzeitig durch den Einsatz in verschiedenen Situationen.

Will man soziale Lernziele auf der Grundlage der interaktionistischen Rollentheorie verfolgen, so muß der Lehrer die Spielräume, die die Institution Schule läßt, zunächst einmal erkennen und nutzen. Dazu ist zu klären, was überhaupt aushandelbar ist, und was man den Schülern aufgrund ihres Entwicklungsstandes zumuten kann. Daß mehr Offenheit im Unterricht erst nach und nach eingeführt werden kann, wenn gemeinsame Absprachen bislang eher unüblich waren, ist selbstverständlich. Auch sollte man darauf achten, daß gemeinsam getroffene Absprachen eingehalten werden. Entscheidungen sollten zwar veränderbar sein, aber das ist nicht gleichbedeutend mit sprunghaften Änderungen, wenn eine Sache vielleicht einmal mehr Mühe als Spaß macht.

Wenn der Lehrer bislang gewohnt ist, stets alleine zu entscheiden, was gemacht wird, besteht für die Schüler keine Notwendigkeit, sich mit den Wünschen und Erwartungen der Mitschüler auseinanderzusetzen, denn es geschieht letztlich doch nur das, was der Lehrer will. Ein erster Schritt, um diese Fähigkeiten zu fördern kann darin bestehen, daß der Lehrer den Stundenbeginn nutzt, um den Schülern Mitbestimmungs- bzw. Gestaltungsmöglichkeiten in Form einer Tobephase einzuräumen.

> **Tobephase**
>
> Wo läßt sich in einem Sportunterricht, der durch seine oft stereotypen Übungsprogramme und wettkampforientierten Handlungsmuster in sehr starkem Maße reglementiert und normiert ist, Spielraum finden, wo können Dinge ausgehandelt werden? Betrachten wir einmal den Stundenbeginn. Gerade jüngere Schüler kommen in der Regel (noch) in die Halle gestürmt - und werden zunächst einmal gebremst. Es geht erst los, wenn alle da sind, die Anwesenheit kontrolliert ist und der Lehrer die Stunde offiziell beginnt. Was erlebt der Schüler bei einem solchen Stundenanfang, fragen VOLKAMER/ZIMMER (1982, 149).
>
> — „Die Sportstunde beginnt erst einmal damit, daß Bewegung verboten wird oder wenigstens unerwünscht ist, - die dann anschließend wieder befohlen wird.
> — Auch wenn ich dasselbe will wie der Lehrer, darf ich das erst wollen, wenn es der Lehrer will.

> — Sport in der Schule ist vor allem Sportunterricht, und Unterricht macht der Lehrer; Eigeninitiative wird als Störung betrachtet.
> — Beeilen lohnt sich nicht, ich kann mir beim Umziehen Zeit lassen".
>
> Eine solch festgeschriebene Lehrer-Schüler-Interaktion kann wohl kaum zur Förderung von Rollen-/Perspektivenübernahme, Rollendistanz, Ambiguitätstoleranz und Identitätsdarstellung beitragen, denn lediglich Anpassung wird hier verlangt. Es spricht weder rechtlich noch organisatorisch etwas dagegen, den Schülern zu Beginn der Stunde eine Tobephase zu ermöglichen, in der sie genau das tun können, was sie gerne möchten. Damit nimmt man auch ULICHs (1976, 84) durchaus berechtigter Kritik, daß nämlich in der Schule der eigentlich erst herzustellende Konsens über die Definitionen und Interpretationen von Identität schon vorgegeben sei, für den Sportunterricht einen Teil der Angriffsfläche. In einer Tobephase müssen die Schüler einen Konsens herstellen. So kann nicht eine Gruppe die ganze Halle zum Hockeyspiel für sich beanspruchen und den Mitschülern keinen Raum für andere Aktivitäten gewähren. Sie müssen die wechselseitigen Erwartungen berücksichtigen.
>
> Hilfen zum „Einstieg" in die Tobephase
> — Erklären Sie den Schülern, was eine Tobephase ist (Teil der Sportstunde - in der Regel wohl zu Beginn -, der von den Schülern unter Beachtung einiger Regeln selbst gestaltet werden kann).
> — Nennen Sie die Dauer der Tobephase.
> — Grenzen Sie die sportlichen Aktivitäten soweit nötig ein, wenn etwa die Halle von zwei Klassen benutzt wird, oder aus Sicherheitsgründen z.B. bestimmte Geräte nicht zur Verfügung gestellt werden können.
> — Greifen Sie nur dann ein, wenn es gilt, Gefahrenquellen zu beheben, die Lösung von (sozialen) Konflikten sollten in dieser Phase, wann immer möglich, den Schülern überlassen bleiben.
> — Stellen Sie bemerkenswerte positive und negative Ereignisse am Ende der Tobephase gelegentlich heraus.

Wenn der Lehrer auf Teile seiner Entscheidungsbefugnis verzichtet und Entscheidungen mit seinen Schülern aushandelt, entsteht eine eher gleichberechtigte Beziehung zwischen Lehrendem und Lernenden. Der Lehrer ist dann in einen sozialen Prozeß einbezogen, dessen Ergebnis nicht von Anbeginn an festlegt, sondern Ausdruck einer jeweils neu zu erzielenden Einigung ist.

Wann immer der Lehrer es mit seiner „Rolle" vereinbaren kann, soll er in Interaktion mit seinen Schülern ein mehr oder weniger gleichberechtigter Partner sein, der offen und ehrlich seine Wünsche, Erwartungen und Gefühle äußert. Je besser der Lehrer dies tun kann, umso eher werden ihn die Schüler verstehen, und umso leichter dürfte es ihnen fallen, auch etwas über sich selbst mitzuteilen. Wichtig ist, daß der Lehrer möglichst von seiner Perspektive aus argumentiert und keine unpersönlichen Aussagen macht. Wenn beispielsweise ein Kind im Unterricht stört, so sollte er ausdrücken, daß es ihn stört, und daß er sich nicht konzentrieren kann. Für die übrigen Interaktionspartner sollte er nicht mitsprechen wollen, es sei denn, er will den Schüler auf die unangenehmen Folgen seines unerwünschten Verhaltens aufmerksam machen. Eine persönliche Ausdrucksweise wird es dem störenden Kind eher möglich machen, die Situation aus Lehrersicht zu verstehen und zu akzeptieren, als eine Zurechtweisung.

Viele Schüler kommen mit der Einstellung in den Unterricht, daß man am besten den Mund hält, weil der Lehrer sowieso macht, was er will. Deshalb soll der Lehrer die Schüler immer wieder ermuntern, sich selbst einzubringen und Wünsche und Erwartungen im Unterricht zu äußern. Entscheidend ist, daß der Lehrer dann auch zuhört, sich mit den Äußerungen auseinandersetzt und vor allem nicht allein den Unterricht bestimmt.

Nicht immer wird es dem Lehrer möglich sein, wichtige Dinge mit den Schülern auszuhandeln, denn die Institution Schule verlangt von ihm, daß er bestimmte Vorschriften und Normen beachtet und durchsetzt - auch gegen den Willen der Schüler. In diesen Fällen sollte der Lehrer seine Entscheidung begründen und zusätzlich seinen persönlichen Standpunkt deutlich machen, damit die Schüler lernen, auch Verständnis für seine Situation zu haben.

Die bislang beschriebenen, eher als allgemein anzusehenden Maßnahmen, sind nicht als „Technik" zu verstehen; vielmehr zeigen sie, daß sich auch der Lehrer um die Qualifikationen bemühen muß, die er bei seinen Schülern verbessern möchte. Sie sind in unseren Augen Grundlagen, um die konkreten Lernziele und speziellen Lehrermaßnahmen überhaupt zum Tragen kommen zu lassen.

Unterrichtsgespräch

Ein wichtiger Aspekt in unserer Konzeption ist das Gespräch über die wechselseitigen Erwartungen, Unterrichtsinhalte und sozialen Konflikte. Ein Gespräch im Unterricht, bei dem Lehrer und Schüler weitgehend gleichberechtigte Teilnehmer sind, muß von beiden Seiten erst gelernt werden. Im folgenden geben wir einige Hilfen zur Gesprächsführung.

Organisatorische Hinweise
Zwei Formen haben sich in unserem Unterricht besonders bewährt:
Gesprächskreis: Alle sitzen in einem Kreis, jeder kann jeden sehen und verstehen.
Speakers corner: Wer einen Beitrag leisten will, stellt sich oder hockt sich auf einen kleinen Kasten. Vor allem in großen Klassen mit mehr als 35 Schülern hat sich diese Form bewährt, da ein Kreis zu groß würde. So sitzen alle Schüler eng um den Kasten herum.

Gesprächsordnung

Es empfiehlt sich mit den Schülern ein Zeichen zu vereinbaren, um sie zum Gespräch zu versammeln. Gesprächsbeiträge werden durch Handzeichen signalisiert. Zunächst sollte der Lehrer das Gespräch selbst leiten, aber darauf hinarbeiten, daß die Schüler die Leitung im Laufe der Zeit selbst übernehmen können. In einer großen, gemischten Gruppe sollten ein Junge und ein Mädchen eine gemeinsame Gesprächsleitung haben. Damit beugt man einerseits Diskussionen vor, daß man übersehen worden sei, und andererseits wird möglichen Konflikten zwischen Jungen und Mädchen entgegengewirkt, da beide Gruppen vertreten sind.

In der ersten Stunde werden die *Gesprächsregeln* mit den Schülern besprochen:
— Es spricht immer nur einer.
— Der Sprecher soll laut, deutlich und nicht zu lange reden.
— Wer nicht spricht, hört zu.
— Wer aus einem wirklich wichtigen Grund nicht zuhören kann, soll dies sagen, aber nicht stören.

Es kann sich bei Themen wie *Absprache der Inhalte* für die kommenden Stunden, Regelvariationen zur besseren Integration (leistungs)schwächerer Schüler u.ä. auch einmal anbieten, die Problematik in *Kleingruppen* vorzudiskutieren. Jede Gruppe bestimmt einen „Protokollanten" für die Gesamtgruppe. Die Kleingruppendiskussion bietet den Vorteil, daß möglichst viele Schüler zu Wort kommen. Sinnvoll ist dieses Vorgehen also vor allem dann, wenn man annehmen kann, daß viele Schüler zum Thema/Problem etwas zu sagen haben.

Lehrerverhalten

Vor allem der Lehrer kann mit seinem Verhalten auch zu einem Gelingen der Unterrichtsgespräche beitragen:
— Nennen Sie Thema und Zeit des Gesprächs.
— Dehnen Sie die Gesprächsphase in der Regel nicht über 10 Minuten aus.
— Wenn verschiedene Probleme anstehen, machen Sie lieber mehrere kurze Gesprächsphasen, und besprechen immer nur ein Problem/Thema.
— Geben Sie nicht nach jedem Beitrag einen eigenen Kommentar ab, aber fassen Sie die Beiträge zwischendurch zur Positionsklärung immer mal wieder zusammen.
— Wenn ein Gespräch abgebrochen wird, zeigen Sie Verständnis für die Schüler, die nicht mehr zu Wort gekommen sind, oder deren Wunsch (schon wieder) nicht berücksichtigt werden konnte. Gerade in der Gesprächsphase sollte versucht werden, die unterschiedlichen Perspektiven zu verdeutlichen.
— Formulieren Sie eigene Aussagen so persönlich wie möglich und hören Sie vor allem geduldig zu.

Fassen wir die wesentlichen Punkte einer förderlichen, personorientierten Lernatmosphäre zusammen:
— Der Lehrer soll bei der Gestaltung des Unterrichts die Schüler mitbestimmen lassen.
— Der Lehrer soll Maßnahmen, die er ergreifen muß, begründen.
— Der Lehrer soll seine Wünsche und Erwartungen offen und ehrlich in die Interaktion einbringen.
— Der Lehrer soll den Schülern deutlich machen, welchen Erwartungen er von Seiten der Institution Schule, seiner Kollegen usw. ausgesetzt ist.
— Der Lehrer soll die Schüler ermuntern, gleichfalls offen und ehrlich ihre Wünsche und Erwartungen einzubringen.
— Der Lehrer soll zuhören.

4.3 Soziale Lernziele und Lehrermaßnahmen

Um im Sinne unseres Leitzieles so interagieren zu können, daß die Wünsche und Erwartungen aller Interaktionspartner ausgewogen Berücksichtigung finden, müssen die Fähigkeiten zur Rollenübernahme, Rollendistanz, Ambiguitätstoleranz und Identitätsdarstellung vorhanden sein. Bei Kindern sind ab etwa 10 Jahren die wesentlichen kognitiven Grundlagen gegeben, werden aber, wie auch bei älteren Kindern, (im Sportunterricht) zu selten eingesetzt. Es sollen zunächst Ziele konkretisiert werden, die auf eine Verbesserung bzw. einen Einsatz dieser Fähigkeiten hinauslaufen.

Den zu fördernden Fähigkeiten liegen intern ablaufende Prozesse zugrunde, die uns normalerweise verborgen bleiben, bzw. die nur aus dem Verhalten erschlossen werden können. Wir haben deshalb nach konkreten Verhaltensweisen gesucht, die als Indikatoren für diese Fähigkeiten angesehen werden können, und über die der Lehrer dann auch Einfluß nehmen kann. Im folgenden wollen wir sie näher erläutern.

4.3.1 Rollen-/Perspektivenübernahme

Als Rollenübernahme bezeichnen wir, daß eine Person die Wünsche und Erwartungen erkennt, die der jeweilige Interaktionspartner im sozialen Geschehen an sie hat. Dazu ist es notwendig, die Situation aus der Perspektive des Interaktionspartners zu sehen und so die Erwartungen an das eigene Verhalten zu erschließen. Mit dem Perspektivenwechsel kann man aber nicht nur die Welt um den Partner herum mit dessen Augen wahrnehmen, sondern auch versuchen, dessen Gefühlslage zu erschließen. Wie wir schon ausgeführt haben, handelt es sich bei der Rollenübernahme um einen interpretativen Prozeß. Die wahrgenommenen Wünsche und Erwartungen des Partners sind immer nur vorläufig und werden mit dem Fortgang der Interaktion ständig revidiert. Die Perspektive des Interaktionspartners muß immer wieder neu übernommen werden, d.h. man muß in einer ausgewogenen Interaktion immer wieder das Geschehen aus der Sicht des Partners sehen und die Erwartungen zu erkennen versuchen, die an das eigene Verhalten gestellt werden.

Bei der Rollenübernahme handelt es sich - wie wir gesehen haben - um einen sehr komplexen und vorwiegend intern ablaufenden Prozeß. Um diesen Vorgang etwas durchschaubarer zu machen und damit dann auch bessere Einflußmöglichkeiten zu haben, sollen die Interaktionspartner die Wünsche und Erwartungen äußern, die sie bei der Betrachtung der Situation aus der Perspektive des Partners erkannt zu haben glauben. Unser erstes konkretes Lernziel lautet also:

> **Die Schüler sollen lernen, auf die Perspektive der Interaktionspartner hinzuweisen.**

Maßnahmen zur Förderung der Rollen-/Perspektivenübernahme

Immer wieder kann man erleben, daß einige Schüler im Sport den Ton angeben, andere kaum jemals an den Ball kommen, einige ihre Wünsche gut vorbringen können, und so etwa ihr Lieblingsspiel immer wieder gespielt wird, andere dies weniger gut können, und so ihre Wünsche selten berücksichtigt werden, Schüler nach mißglückten Versuchen ausgelacht werden, bestimmte Schüler wenig oder gar nicht in die Gruppe integriert sind.

Hier muß der Lehrer Rollenübernahme zeigen und deutlich machen, wie die Situation aus der Perspektive der Betroffenen aussieht. Wie fühlt sich jemand, der nach einem trotz größten Bemühens mißglückten Versuch ausgelacht wird, oder der bei herkömmlichen Mannschaftswahlen immer erst als letzter und dann mit einem „Na, den verkraften wir auch noch" gewählt wird?

Vor dem Hintergrund eines für alle befriedigenden gemeinsamen Sporttreibens ist es wichtig, die Perspektive von möglichst allen Beteiligten, sehr guten oder sehr schwachen Schülern, Störern, Ausgestoßenen oder Unbeliebten zu sehen. Der Lehrer soll dabei nicht nur bei Diskriminierung eingreifen, sondern schon dann, wenn es darum geht, daß ihre Interessen auch berücksichtigt werden müssen. Wir gehen von der Annahme aus, daß die Kinder durchaus von ihren Voraussetzungen, d.h., von ihrer kognitiven Entwicklung her so weit fortgeschritten sind, daß sie Situationen aus der Perspektive anderer sehen können, aber oftmals aus verschiedensten Gründen (z.B. im Eifer des Spiels, Desinteresse an der Person) die Rollenübernahme verhindert wird, bzw. - da es sich ja eigentlich um einen internen Prozeß handelt - aus ihren Äußerungen und ihrem Verhalten keine Rückschlüsse auf Rollenübernahme möglich sind. Um den Schülern zu verdeutlichen, wie wichtig es ist, die Wünsche und Erwartungen aller Kinder zu sehen, soll der Lehrer, so oft es ihm sinnvoll erscheint und den Unterrichtsverlauf nicht über Gebühr stört, von sich aus auf Perspektiven anderer hinweisen.

Diese Maßnahme ist jedoch nicht so zu verstehen, daß der Lehrer immer nur hinweisen soll. Wann immer möglich, soll er mit den Schülern auch die Folgen eines bestimmten Verhaltens erörtern oder auch selbst einen Vorschlag zur schnellen Lösung machen. In einem Unterrichtsgespräch kann die Situation dann später genauer diskutiert werden.

Wenn der Lehrer feststellt, daß die Schüler von sich aus verschiedene Perspektiven sehen, soll er die Schüler verstärken.

Neben diesen beiden Maßnahmen, die im Unterricht bei entsprechenden Situationen immer wieder eingesetzt werden sollten, kann der Lehrer aber auch ganz gezielt Aufgaben stellen, bei denen die Schüler Perspektiven anderer einnehmen oder beobachten, oder den gleichen Sachverhalt aus verschiedenen Perspektiven sehen müssen. So kann der Lehrer Schüler, die sich über Schiedsrichterentscheidungen beschweren, selbst zum Schiedsrichter machen, oder er kann Schüler, die beim Spielen gerade nicht beteiligt sind, bitten, einige Schüler genau zu beobachten. Hilfen bei der Beobachtung können sein: Ist ein Kind oft im Ballbesitz, wird ein Kind oft angespielt usw. In einem sich anschließenden Gespräch können die Kinder dann ihre Erfahrungen austauschen. Wie stehen die Erlebnisse der Kinder, die am Spielgeschehen beteiligt waren, im Verhältnis zu den Beobachtungen, die die Kinder gemacht haben, die am Rande saßen? In Rollenspielen können Situationen geschaffen werden, bei denen die Schüler einmal in Rollen schlüpfen müssen, deren Perspektive sie häufig übersehen oder selten bzw. nie selbst erfahren. Eine interessante Erfahrung kann auch sein, ein Sportspiel einmal ohne Ball zu spielen. Die Klasse sollte hierzu jedoch Freude und bereits einige Erfahrungen am Darstellenden Spiel haben (vgl. UNGERER-RÖHRICH 1984b, 67f.). In einer solchen Situation gelingt auch den leistungsschwächeren Schülern, die normalerweise mit Werfen und Fangen ihre Schwierigkeiten haben, alles und die leistungsstärkeren Schüler können ihre spielerischen Fertigkeiten einmal nicht direkt zum Tragen kommen lassen.

Rollenspiel

Das Rollenspiel hat sich in verschiedenen Untersuchungen als geeignete Methode zur Förderung der Rollen-/Perspektivenübernahme erwiesen. So hat beispielsweise CHANDLER (1973) mit delinquenten Jugendlichen ein entsprechendes Trainingsprogramm mit gutem Erfolg durchgeführt. Die Teilnehmer drehten zu bestimmten, für sie problematischen sozialen Situationen Videofilme, in denen sie immer wieder in andere Rollen schlüpften und so lernen sollten, wie andere sie sehen, und wie es ist, wenn sie selbst aus der Position anderer handeln, sprechen und denken. Das Prinzip des Rollentauschs ist ein im Rollenspiel und auch im Psychodrama bewährtes Verfahren, um den Teilnehmern Einsicht in das eigene Verhalten aus verschiedenen bedeutsamen Perspektiven zu geben und Interaktionen zu verbessern (vgl. SCHÜTZENBERGER 1976).

Die Bedeutung des Rollenspiels für die pädagogische Praxis ist von vielen Autoren immer wieder hervorgehoben worden. COBURN-STAEGE (1974, 564) faßt stellvertretend für viele die Möglichkeiten wie folgt zusammen: „Das Rollenspiel erweist sich als Erziehungstechnik zur Verbesserung der Praxis als besonders geeignet, weil einerseits durch Anpassungsspiele gesellschaftliche Strukturen und Funktionen reproduziert und ‚eindimensionale' Menschen erzogen werden und andererseits durch Emanzipationsspiele die ständige Entwicklung einer Gesellschaft als Auseinandersetzung zwischen Bedürfnissen, Interessen, neuen Verhaltensweisen zur Situationsbewältigung erleichtert wird und mündige Menschen heranwachsen können". WENDLANDT (1977) begründet den Einsatz von Rollenspielen ganz allgemein mit der Förderung sozialen Verhaltens und bezieht sich - wie wir auch - auf die Vorstellungen von KRAPPMANN.

Die Vorschläge von MOORE/ANDERSON zur Gestaltung der Lernumwelt weisen ebenfalls auf die Bedeutung von Rollenspielen hin. Wir wollen hier nur das „Perspektive Prinzip" erwähnen. Es verlangt, „daß sich der Lernende dem Lerngegenstand in möglichst vielen Perspektiven nähern kann. Einmal soll er also aktiv Handelnder sein, ein anderes mal der Rezipient. Zur nächsten Gelegenheit soll er in die Position des Handelnden gedanklich schlüpfen und schließlich auch als außenstehender Dritter den Handlungsablauf bewerten" (1969, zitiert nach SILBEREISEN 1977, 61 f).

In Anlehnung an WENDLANDT (1977) geben wir einige Tips zur Durchführung von Rollenspielen. Wenn man allerdings über keine entsprechenden eigenen Erfahrungen verfügt, können diese kurzen Anmerkungen keine Einführung (in einem Fortbildungskurs oder durch entsprechendes Literaturstudium) ersetzen.

1. *Analyse* sozialer Problemsituationen, die gespielt werden könnten. Es sollten Situationen aufgegriffen werden, die häufig Schwierigkeiten bereiten und viele Schüler betreffen.

> 2. *Beschreibung* der sozialen Situation, die gespielt werden soll.
> Die Situation soll so konkret wie möglich beschrieben werden: Angabe von Ort, Personen, Handlung und Umständen.
> 3. *Durchführung* des Spiels.
> Der Lehrer faßt alle wichtigen Aspekte noch einmal kurz zusammen, die Rollen werden verteilt, dann wird die Situation gespielt.
> 4. *Diskussion* des Spiels.
> Zunächst beschreibt jeder Spieler seine Erlebnisse, dann können Mitschüler und Lehrer ihre Beobachtungen äußern. Anschließend werden Verhaltensalternativen besprochen, sie können dann eventuell in einem weiteren Spiel erprobt werden. Je nach Reaktion der Spieler kann aber das Spiel auch nach einem Rollentausch wiederholt werden.

Als weitere Förderungsmöglichkeiten können Improvisationsaufgaben eingesetzt werden, bei denen (Klein-)Gruppen im Spielen und im Experimentieren mit Bewegung eine Verständigung möglichst ohne „gesprochene Sprache" herstellen müssen und die nur gelingen, wenn man sich versteht. Aber auch Synchronaufgaben sind geeignet, eine sensible interpersonelle Wahrnehmung zu fördern. In den Modellstunden wird auf entsprechende Aufgabenstellungen näher eingegangen.

Fassen wir die Maßnahmen zur Förderung der Rollen-/Perspektivenübernahme zusammen:

— Der Lehrer soll auf Perspektiven anderer hinweisen.
— Der Lehrer soll Schüler verstärken, die von sich aus auf Perspektiven anderer hinweisen.
— Der Lehrer soll Aufgaben stellen, bei denen die Schüler Perspektiven anderer einnehmen oder beobachten oder einen gleichen Sachverhalt aus verschiedenen Perspektiven sehen müssen.
— Der Lehrer soll Rollenspiele einsetzen, um verschiedene Perspektiven konkret erfahrbar zu machen.

4.3.2 Rollendistanz

Als Rollendistanz bezeichnen wir, daß eine Person die Wünsche und Erwartungen hinterfragt, die der jeweilige Interaktionspartner im sozialen Geschehen an sie hat. Das Individuum entspricht nicht so ohne weiteres den vermeintlichen Erwartungen des Interaktionspartners, sondern setzt seine eigenen Wünsche und Erwartungen bzw. auch seine Werte und Normen dagegen. Die Reflexion, Interpretation und das Hinterfragen der wahrgenommenen Erwartungen der Partner sind Voraussetzung, um sich über unterschiedliche Wünsche und Erwartungen im sozialen Geschehen zu verständigen. Auch hier erscheint es uns hilfreich, den Reflexionsvorgang durch Verbalisierung möglichst offenzulegen. Die Schüler sollen über Wünsche und Erwartungen miteinander sprechen; nur wenn sie in der Lage sind, die an sie herangetragenen Wünsche anderer Kinder ernst zu nehmen, wenn sie darauf eingehen und sie sachlich diskutieren, nur dann kann von einer Auseinandersetzung gesprochen werden, die notwendig ist, um sich dem Leitziel zu nähern. Unser zweites Lernziel lautet also:

> Die Schüler sollen lernen, sich mit den Wünschen und Erwartungen der Interaktionspartner verbal auseinanderzusetzen

Maßnahmen zur Förderung der Rollendistanz*

Der Lehrer soll sich einschalten, wenn ein Interaktionspartner diskriminiert wird; bei Interessenunterschieden soll er diese deutlich machen. Diese beiden Maßnahmen sind im Einklang mit Vorschlägen von Entwicklungspsychologen zu sehen, die den Umgang mit Konflikten bzw. Widersprüchen als grundlegend für die kognitive Entwicklung ansehen. Im Gegensatz zu ihren Laborversuchen braucht man in der Schule Konflikte aber nicht erst künstlich herbeizuführen, da genügend soziale Probleme in jeder Stunde beobachtet und vom Lehrer aufgegriffen werden können. Wenn er beispielsweise merkt, daß ein Kind ausgelacht wird, so soll er eingreifen und versuchen, die Kinder dazu zu bringen, sich in diesen Interaktionspartner zu versetzen. Dadurch sollen die Kinder solche Situationen als problematisch erkennen. Im Gespräch sollten sowohl die Seite des ausgelachten Kindes als auch die Seite der Kinder, die es auslachen, zur Sprache kommen. Und schließlich wäre zu wünschen, daß es zu einer Verständigung über die Situation kommt, die das Problem löst.

Das Eingreifen des Lehrers muß aber nicht immer in sprachlicher Form stattfinden. So kann er, wenn Kinder in einer Gruppe einem schwächeren Schüler einen Ball nicht angemessen zuspielen, sich über sein Unvermögen vielleicht auch noch lustig machen oder meckern, ihnen ihr Verhalten widerspiegeln, indem er ihnen den Ball auch so zuspielt, daß sie keine Chance haben, ihn zu erreichen. Ein Gespräch über diese Erfahrungen sollte dann zeigen, wie unangenehm es ist, in einer solchen Situation so

---

* Eine Trennung zwischen Rollen-/Perspektivenübernahme und Rollendistanz, so wie wir sie hier vorgenommen haben, ist als idealtypisch zu verstehen, denn ein Erkennen anderer Perspektiven muß stattgefunden haben, ehe eine sinnvolle Auseinandersetzung damit erfolgen kann. Maßnahmen zur Förderung der Rollendistanz setzen immer das Erkennen anderer Perspektiven voraus. Und so, wie wir bei Rollen-/Perspektivenübernahme das Wahrnehmen, Erleben und Verbalisieren ins Zentrum unserer Betrachtung gerückt haben, ist die Auseinandersetzung bei erkannten unterschiedlichen Erwartungen der Schwerpunkt bei den Maßnahmen zur Verbesserung der Rollendistanz.

wenig ernst genommen zu werden. Allerdings sollte der Lehrer sich nicht nur auf die Seite des Schwächeren stellen, sondern versuchen, für beide Seiten Verständnis zu schaffen.

Solange noch nicht bei allen Schülern gewährleistet ist, daß sie ihre Wünsche und Interessen vorbringen und andere Perspektiven von sich aus, ganz selbstverständlich, wahrnehmen, sollte der Lehrer auf Interessenkonflikte aufmerksam machen bzw. entsprechend eingreifen. Es sollte allerdings ein Problem sein, das die ganze Gruppe angeht. Interessenunterschiede können in verschiedensten Situationen und zwischen verschiedensten Gruppen auftreten. So können beispielsweise leistungsstarke Schüler ein Spiel wünschen, bei dem sie ihre Leistungsstärke besonders gut darstellen können, leistungsschwächere Schüler aber für sich keine echte Mitspielchance sehen. Interessenunterschiede dieser Art sollte der Lehrer aufgreifen - gerade auch dann, wenn die schwächeren Schüler sich nicht trauen, ihr Unbehagen zu äußern. Eine vorhergehende Beobachtung verschiedener Perspektiven könnte einen guten Einstieg bieten. Der Lehrer sollte dann gemeinsam mit den Schülern überlegen, ob man etwa durch Regeländerungen befriedigende Spielmöglichkeiten für alle schaffen kann. Interessenunterschiede können sich ebenso zwischen zwei leistungsstarken Schülern ergeben, die etwa beide gerne Torwart sein möchten. Wichtig ist es, sich der eigenen Perspektive bewußt zu sein, und diese mit der anderer Interaktionspartner zu konfrontieren. Eine Koordinierung der unterschiedlichen Erwartungen sollte anschließend das Ziel sein, um so faire Kompromisse auszuhandeln.Der Lehrer sollte den Schülern aber auch zunehmend Gelegenheit geben, Interessenkonflikte allein zu lösen. Wenn in der Tobephase die Jungen in der ganzen Halle Fußball spielen möchten, die Mädchen nicht mitmachen lassen und diesen kein Raum für eigene Aktivitäten mehr bleibt, so kann der Lehrer sich durchaus zurückhalten und abwarten, ob sie einen Kompromiß selbst aushandeln können.

Umgang mit Konflikten

Eine Möglichkeit der Einflußnahme auf die sozial-kognitive Entwicklung stellt die sogenannte Konflikt-Induktion dar. PIAGET (1976) sieht hierin einen grundlegenden Mechanismus für die kognitive Entwicklung, und von verschiedenen Autoren wird die Bedeutung auch für die sozial-kognitive Entwicklung gesehen (vgl. FURTH 1980; SILBEREISEN 1982).

Von einem *kognitiven Konflikt* spricht man dann, wenn die Anwendung eines Handlungsschemas oder einer kognitiven Struktur durch den Widerstand der Realität verhindert wird. Im sozial-kognitiven Kontext ist das beispielsweise dann der Fall, wenn ein Kind auf der Stufe 0 der Rollenübernahmefähigkeit, also noch im egozentrischen Stadium, feststellt, daß die Vorstellung:

Was mir Spaß macht, macht anderen auch Spaß, nicht immer uneingeschränkt gilt. Diese Wahrnehmung steht im Gegensatz zu bisher Erlebtem, und so führt dieser Widerspruch, dieser kognitive Konflikt zu einer affektiven Spannung, die gelöst werden muß, dadurch daß die Situation wieder ins Gleichgewicht kommt. Dies geschieht entweder dadurch, daß die äußeren Eindrücke in verfügbare Schemata eingeordnet werden (Assimilation) oder durch Anpassung der vorhandenen Schemata an die Situation (Akkomodation). In unserem Beispiel müßte das Kind seine Vorstellung modifizieren, da es mit seiner Assimilation an vorhandene Strukturen nicht zurechtkommt. Das Erleben des Konfliktes wird als die motivierende Kraft zur Weiterentwicklung angesehen und kann schließlich dazu führen, daß das Kind eine höhere sozial-kognitive Entwicklungsstufe erreicht.

STRAUSS (1972) hat zur Förderung der kognitiven Entwicklung ein Verfahren der Konflikt-Induktion näher erläutert und erprobt. Dabei muß ein Widerspruch zwischen den Erwartungen über innere psychische Vorgänge beim Gegenüber und andererseits den tatsächlichen Gegebenheiten vorliegen, wie sie der Partner über sich berichtet, damit eine entwicklungsanregende Interaktion gegeben ist.

In verschiedenen Untersuchungen auch der sozialen Kognitionsforschung hat man mit Konflikt-Induktion gearbeitet. Implizit ist man dann davon ausgegangen, daß der Begriff kognitiver Konflikt in einem sozialen Kontext einen wahrgenommenen Widerspruch zwischen der Erwartung des Subjektes und den Erwartungen anderer darstellt. Inwieweit etwa bei einer Gruppendiskussion, wie TURIEL (1974) sie beschreibt, Entwicklungsprozesse in PIAGETschem Sinne ablaufen, kann beim aktuellen Forschungsstand wohl nicht beantwortet werden. Es sprechen aber verschiedene Untersuchungsergebnisse dafür, daß die Erfahrungen, die in Diskussionen mit Gleichaltrigen gemacht werden können, die sozial-kognitive Entwicklung positiv beeinflussen.

Im Unterricht hat man ein entsprechendes Vorgehen noch wenig erprobt. Lediglich SELMAN (1982) berichtet von Fortschritten in der kognitiven Entwicklung, die er auf diese Weise im Unterricht erzielen konnte. Auch wenn man nicht mit einer Reorganisation auf der nächsthöheren Entwicklungsstufe rechnen kann, so bekommen Gruppendiskussionen in unserer Unterrichtskonzeption dennoch einen hohen Stellenwert, weil wir erwarten, daß sie füreinander sensibler machen, d.h., die verfügbaren Schemata müßten differenzierter werden. Außerdem wird von verschiedenen Autoren argumentiert, dieses Vorgehen sei auch deshalb sinnvoll, weil es existierende Strukturen auf eine Vielzahl von Situationen anwende, und damit die Verfügbarkeit und Flexibilität vergrößert würde.

Gelegentlich kann es sinnvoll sein, den Schülern *Diskrepanzerlebnisse* zu vermitteln und damit Erfahrungen zu bieten, die einen Kontrast zur normalerweise eingenommenen Position darstellen. Dies kann in einem Spiel geschehen, in dem die guten Spieler mit Handicaps versehen werden, so daß die schwächeren Spieler die Chance erhalten, besser als gewöhnlich zum Zuge zu kommen. In einem Fußballspiel mit gemischten Mannschaften (unter der Annahme, daß die Mädchen schwächer spielen als die Jungen) könnte beispielsweise nach folgender Regel gespielt werden: Kein Junge darf zweimal hintereinander aufs Tor schießen; oder: Ein Junge darf nach einem Torschuß(versuch) erst dann einen weiteren Versuch machen, wenn mindestens ein Mädchen in Ballbesitz war; oder noch „extremer": Die Jungen dürfen nur mit ihrem „schwächeren" Bein aufs Tor schießen. Nach einer Spielphase soll dann darüber gesprochen werden, was im Spiel abgelaufen ist, welche Erfahrungen die einzelnen Mitspieler gemacht haben, und wie sie damit zurecht gekommen sind, ihre Stärke vielleicht nicht wie gewöhnlich unter Beweis stellen zu können. Ziel dieser methodischen Maßnahme ist es, sich durch solche Regeln verstärkt andere Perspektiven - z.B. von Mitspielern, für die Handicaps „normal" sind - bewußt zu machen. Langfristig sollen derartige Positionswechsel dazu beitragen, Wünsche anderer Kinder verstärkt zu erkennen und zu berücksichtigen. In den Modellstunden werden verschiedene Regelvariationen vorgestellt.

Fassen wir die Maßnahmen zur Förderung der Rollendistanz zusammen:
— Der Lehrer soll eingreifen, wenn ein Interaktionspartner diskriminiert wird.
— Der Lehrer soll Interessenunterschiede besprechen.
— Der Lehrer soll Diskrepanzerlebnisse vermitteln und besprechen.

4.3.3 Ambiguitätstoleranz

Als Ambiguitätstoleranz bezeichnen wir, daß eine Person auftretende widersprüchliche Erwartungen erträgt und die Interaktion auch dann fortsetzt, wenn die eigenen Wünsche und Erwartungen nicht voll befriedigt werden. Als konkretes Lernziel formulieren wir:

> Die Kinder sollen lernen, die erkannten und reflektierten Wünsche und Erwartungen der Interaktionspartner in ihrem Verhalten zu berücksichtigen. Das heißt, sie sollen lernen, sich bei Entscheidungen gegen sie nicht zu verweigern, Kompromisse zu schließen und sie mit zu tragen, Kinder mitmachen zu lassen, die eine Belastung für die Interaktion darstellen, das Überbieten- oder Besiegen-Wollen der Interaktionspartner einzuschränken.

Dieses Ziel scheint sehr einseitig formuliert zu sein. Es kann nicht erwartet werden, daß die Kinder Entscheidungen immer zu Lasten eigener Wünsche treffen. Um jedoch einen Schritt auf dem Weg zum gemeinsamen Sporttreiben voranzukommen, erscheint es zunächst wichtig, die Kinder zum Aufschieben eigener Wünsche anzuhalten. Es werden noch genügend Situationen bleiben, in denen sie ohne Rücksicht auf Interaktionspartner handeln.

Maßnahmen zur Förderung der Ambiguitätstoleranz

Wann immer es dem Lehrer möglich ist, soll er die Schüler an inhaltlichen Entscheidungen beteiligen. Die Schüler sollen dabei lernen, sich auf Inhalte zu einigen, bei denen alle Kinder mitmachen wollen und können. Sie erfahren so etwas über die Wünsche und Erwartungen der Mitschüler und haben die Chance, in einer Diskussion zu einer Einigung zu kommen, die von allen Kindern getragen wird. Der Lehrer soll sich so in die Diskussion einschalten, daß gewährleistet ist, daß alle Interessen berücksichtigt werden (hierzu gehören dann durchaus auch Interessen der Schule, Lehrplanvorgaben oder Absprachen der Fachlehrer).

In einem Unterricht, bei dem letztlich nur die sportliche Leistung des einzelnen und der Sieg im Spiel zählen, wird es jedem Schüler verständlicherweise schwerfallen, Rücksichtnahme zu zeigen. Statt Siege besonders herauszustellen und zu belohnen, sollte der Lehrer eher deren Bedeutung verringern und vermehrt Anerkennung für Teilnahme, Anstrengung, individuelle Verbesserung, mannschaftsdienliches Spiel und faires Verhalten zollen und außerdem Regelverletzungen anprangern und nicht durchgehen lassen. Der Lehrer soll die Bedeutung eines Sieges reduzieren, indem er etwa die Sieger nicht besonders herausstellt und eher gutes Mannschaftsspiel als das Spielergebnis anspricht. Auch die Überbietung einzelner Mitschüler soll gegenüber einer Gruppenleistung in den Hintergrund treten. Schließlich würde der Lehrer unglaubwürdig, wenn er auf der einen Seite Rücksichtnahme gegenüber Schwächeren anspräche, dann aber die Bedeutung von Sieg und Niederlage nicht gleichzeitig abschwächte. Denn wie kann man erwarten, daß beispielsweise ein leistungsschwächerer Schüler im Basketball angespielt wird, der mit großer Wahrscheinlichkeit den Ball verliert und der Mannschaft Nachteile bringt, wenn der Lehrer im Anschluß an das Spiel die Sieger besonders herausstellt.

Vor diesem Hintergrund sollte auch die Übernahme traditioneller Strukturen im Sportunterricht überdacht werden, denn eine vollständige Orientierung an normierten Sportformen würde die Spiele in den Hintergrund drängen, die kooperative Beziehungen besonders betonen. Der Lehrer sollte deshalb möglichst oft Inhalte auswählen, bei denen die Wettbewerbsorientierung nicht im Vordergrund steht. Eine Verringerung der Wettbewerbsorientierung kann er auch z.B. dadurch erreichen, daß er möglichst oft Gruppenaufgaben stellt oder Aufgaben bzw. Inhalte so verändert oder organisiert, daß die Teilnahmechancen sich besser verteilen. Beim Hochsprung beobachtet man oft, daß für alle Kinder die gleiche Anfangshöhe gewählt wird. Diese Höhe wird dann nach und nach gesteigert; die leistungsschwächeren Kinder scheiden schnell aus und stehen herum. Beginnt man dagegen mit unterschiedlichen Anfangshöhen, so kann sich jeder Schüler seiner Leistungsstärke entsprechend einer Gruppe zuordnen. Dort scheiden dann leistungsschwache wie leistungsstarke Schüler in gleicher Weise aus.

Aufgaben, die nur gemeinsam gelöst werden können, erfordern von den Mitgliedern der Gruppe, sich aufeinander einzustellen und Interessen und Möglichkeiten aller Teilnehmer zu berücksichtigen. Gruppenaufgaben sollten so gestellt werden, daß ein Konkurrenzverhalten zu den übrigen Gruppen weitgehend vermieden und am Ende der Aufgabe Gruppenlösungen besprochen, aber nicht im Vergleich mit den übrigen bewertet werden (vgl. hierzu die Modellstunde Leichtathletik).

Gruppenarbeit

Unter Gruppenarbeit verstehen wir eine Unterrichtsform, bei der Kleingruppen von drei bis sieben Schülern Arbeitsaufträge erhalten, die sie - je nach vorhandener Erfahrung - weitgehend selbständig und vor allem gemeinsam erfüllen sollen. Die Arbeitsaufträge sollen dadurch charakterisiert werden, daß sie nur gemeinsam gelöst werden können, bzw. gemeinsam besser gelöst werden können.

Folgende Punkte sollten bei Gruppenarbeit Beachtung finden:

Inhalte und Aufgabenstellung

— Die Inhalte sollen mit den Schülern ausgewählt und abgesprochen werden.

— Es sollten Aufgabenstellungen ausgewählt werden, bei denen

(1) etwas gestaltet werden muß (Improvisationsaufgaben; Aufbau eines Parcours im Gerätturnen, vgl. Unterrichtseinheit Gerätturnen),

(2) bei denen etwas Neues gelernt und geübt werden muß (Vorgabe von Arbeitsmaterialien mit Aufgaben- bzw. Bewegungsbeschreibungen, vgl. Unterrichtseinheit Circuittraining),

(3) bei denen etwas erforscht, analysiert oder gesucht werden muß (Veränderung oder Erfinden von Spielregeln, vgl. Unterrichtseinheiten Große Spiele und Kleine Spiele).
(Zu den verschiedenen Aufgabenstellungen vgl. MEYER 1981).

— Die Aufgabenstellung kann
(1) für alle gleich sein (arbeitsgleiche Gruppen),
(2) für die einzelnen Gruppen unterschiedlich sein, aber so verteilt, daß sich ein gemeinsames „Produkt" ergibt (arbeitsteilige Gruppen).

Gruppen und Gruppenbildung
— Die Gruppen können gebildet werden:
(1) spontan durch die Schüler (das kann den Nachteil haben, daß Schüler aus verschiedenen Gründen diskriminiert werden. Wenn das zutrifft, sollte der Lehrer die Situation und die gemachten Erfahrungen mit den Schülern besprechen,
(2) nach Vorgabe durch den Lehrer (mögliche Kriterien: Leistungshomogene oder leistungsheterogene Gruppen, Sympathiegruppen oder „Kennenlerngruppen" in neu gebildeten Klassen oder „Konfliktgruppen", wenn unterschiedliche Interessen/Fähigkeiten „aufgearbeitet" werden sollen),
(3) nach Ergebnissen einer soziometrischen Befragung (mit wem möchtest Du bei Gruppenarbeiten gerne zusammenarbeiten? Vgl. auch Kapitel 7 Evaluation).
— Es sollte möglichst eine ungerade Zahl Schüler in einer Gruppe zusammenarbeiten!
— Die Gruppen können zusammen arbeiten:
(1) einmal zu einer Aufgabenstellung,
(2) über einen längeren Zeitraum zu verschiedenen Aufgabenstellungen. (Wir haben gute Erfahrungen mit „festen Gruppen" gemacht, die über einen längeren Zeitraum zu verschiedenen Aufgabenstellungen zusammen gearbeitet haben).
— Je nach Aufgabenstellung kann es hilfreich sein, einen Gruppenleiter oder Trainer zu bestimmen.

Zeitlicher Rahmen und Lehrerverhalten
— Der zeitliche Rahmen sollte klar abgesteckt werden. Zum Einstieg in Gruppenarbeit sollten 10-Minuten-Aufgaben gegeben werden, die dann zunehmend ausgedehnt werden.
— Der Lehrer sollte sich - soweit möglich und sinnvoll - mit Eingriffen in die Gruppenarbeit zurückhalten. Bei auftretenden Konflikten sollte er diese nicht allein lösen, sondern mit der Gruppe besprechen und ihnen bei der Lösung behilflich sein. Als Ansprechpartner sollte er immer zur Verfügung stehen und Gruppenarbeit nicht für eigene anderweitige Beschäftigungen verwenden.

Weitere Hilfen zur Gruppenarbeit geben beispielsweise GUTTE (1976), SHARAN/SHARAN (1976), KLEINDIENST-CACHAY 1980).

Der Lehrer sollte anstreben, daß Regeln von den Schülern zwar als notwendige Absprachen für ein gemeinsames Spiel angesehen werden; sie sollten aber - gerade bei schwächeren Schülern - nicht streng ausgelegt werden. Bei einer Schrittregel sollte der Schiedsrichter beispielsweise nicht gleich abpfeifen, wenn ein Schüler einen Schritt mehr gemacht hat, oder den Ball zu spät abspielt. Dem Spielfluß und dem Miteinanderspielen soll Vorrang vor kleinlichem Einhalten der Regeln gegeben werden. Wenn vor allem leistungsstärkere Schüler diese Auslegung der Regeln bei den schwächeren Mitschülern als Benachteiligung empfinden, sollte der Lehrer mit ihnen darüber diskutieren, welche Bedeutung Regeln für ein Spiel haben. Nach und nach sollten die Schüler im Sportunterricht dazu kommen, nur die für ihr Spiel notwendigen und sinnvollen Regeln auszuwählen und mit Zustimmung aller Beteiligten - wenn nötig - auch wieder zu verändern. Wenn es ihren Wünschen und Fähigkeiten entspricht, können das natürlich auch die traditionellen Wettkampfregeln des entsprechenden Spiels sein. Verändern wollen wir allerdings eine starre Ausrichtung am Wettkampfsport. Häufig damit verbundene konkurrenzorientierte Vergleiche sollten gleichfalls zugunsten intraindividueller Vergleiche eingeschränkt werden. Denn uns scheint es wichtiger, sich selbst zu verbessern, als sich ständig mit den Mitschülern zu vergleichen.

Dieser Aspekt sollte auch bei der Notengebung Beachtung finden. Wir machen in unserer Konzeption keinen konkreten Vorschlag, denn wir gehen davon aus, daß der Lehrer die Notengebung mit den Schülern bespricht, und die Kriterien gemeinsam festgelegt werden.

Fassen wir die Maßnahmen zur Förderung der Ambiguitätstoleranz zusammen:

— Der Lehrer soll die Schüler an inhaltlichen Entscheidungen beteiligen.
— Der Lehrer soll die Bedeutung eines Sieges reduzieren.
— Der Lehrer soll möglichst oft Inhalte auswählen, bei denen eine Wettbewerbsorientierung nicht im Vordergrund steht.
— Der Lehrer soll möglichst oft Gruppenaufgaben stellen.
— Der Lehrer soll Aufgaben bzw. Inhalte so verändern, daß die Teilnahmechancen sich besser verteilen.

4.4 Identität und Identätsdarstellung

Wir haben die Teilqualifikationen Rollen-/Perspektivenübernahme, Rollendistanz und Ambiguitätstoleranz bislang vor allem unter dem Aspekt der Verbesserung der Interaktion gesehen und entsprechende Lernziele und Einflußmöglichkeiten des Lehrers beschrieben. Rollen-/Perspektivenübernahme, Rollendistanz und Ambiguitätstoleranz haben aber gleichzeitig auch identitätsfördernde Funktionen für jeden Interaktionspartner. Im Hinblick auf einen für alle Beteiligten befriedigenden Sportunterricht haben wir den „individuellen" Aspekt vernachlässigt. Natürlich haben Fortschritte hinsichtlich eines vermehrten Einsatzes und einer eventuellen Weiterentwicklung der Qualifikationen auch Konsequenzen für die Identität jedes einzelnen, dieser Aspekt war für uns jedoch von untergeordneter Bedeutung.

Einige Anmerkungen wollen wir dennoch zur Identität und zur Identitätsdarstellung machen.

Jeder Schüler muß sich mit unterschiedlichen Erwartungen der Mitschüler auseinandersetzen, und muß sich auch in bezug auf die eigene Person Widersprüchlichkeiten stellen. So schätzen ihn die Mitschüler im Sportunterricht als guten Handballspieler, der seiner Mannschaft meist zu einem Sieg verhilft, während er vom Sportlehrer häufig wegen seiner zu harten Spielweise kritisiert wird. Trotz verschiedener Erwartungen und unstimmiger Erfahrungen muß er eine „identische Person" sein. Wie lernt man mit solchen Widersprüchlichkeiten umzugehen? Ganz wichtig ist die Identitätsdarstellung: über eigenes Erleben, eigene Erwartungen, Wünsche und Bedürfnisse zu reden oder sie in sonst geeigneter Form zu präsentieren (vgl. 3.1). Wenn man vom Trainer zu unfairem Verhalten angehalten wird, wenn es der Schiedsrichter nicht sieht, hingegen der Sportlehrer rücksichtsvolles Spielverhalten in jeder Situation verlangt, so ist es für einen nach Identität strebenden Schüler sinnvoll, hierüber zu reden. Denn um seine Identität muß man handeln, und dazu wird man in der Regel einen aktiven Part spielen und ganz bestimmte Teile seiner Identität darstellen müssen. Man muß beispielsweise sagen, wie man sich in der Situation wahrnimmt, erlebt und empfindet, wie man an bisherige Erfahrungen anknüpft und schließlich muß man auch seine Besonderheit einbringen.

Identität

Identität ist ein Begriff, für den es keine kurze, prägnante Definition gibt. Vielmehr umfaßt Identität verschiedene Aspekte, die unterschiedlich akzentuiert werden. DÖBERT, HABERMAS, NUNNER-WINKLER (1977, 9) schreiben: „'Identität' nennen wir die symbolische Struktur, die es einem Persönlichkeitssystem erlaubt, im Wechsel der biographischen Zustände und über die verschiedenen Positionen im sozialen Raum hinweg Kontinuität und Konsistenz zu sichern". Identität ist aber kein starres Selbstbild, und auch kein innerpsychisches Organisationsprinzip, mit ihr wird vielmehr eine Leistung charakterisiert, die vom Individuum für die Beteiligung an Kommunikation und gemeinsamem Handeln zu erbringen ist. Identität stellt „eine immer wieder neue Verknüpfung früherer und anderer Interaktionsbeteiligungan des Individuums mit den Erwartungen und Bedürfnissen, die in der aktuellen Situation auftreten, dar" (KRAPPMANN 1975, 9). Man muß zwischen den Anforde-

> rungen der Interaktionspartner und seinen eigenen Bedürfnissen eine Balance finden, die die Besonderheit des Individuums darstellt (a.a.O. 9). „Identität zu gewinnen und zu präsentieren ist ein in jeder Situation angesichts neuer Erwartungen und im Hinblick auf die jeweils unterschiedliche Identität von Handlungs- und Gesprächspartnern zu leistender kreativer Akt" (a.a.O. 11).

Es fällt jemandem leicht über sich zu reden und etwas mitzuteilen, wenn in der Umgebung eine vertrauensvolle Atmosphäre herrscht. In der von uns angestrebten personorientierten Interaktion sollte diese Bedingung erfüllt sein, bzw. nach und nach vom Lehrer geschaffen werden. Um überhaupt auf die Idee zu kommen, über Widersprüchliches zu reden, muß man gelernt haben, für das eigene Verhalten verantwortlich zu sein. Auch das sollte in einem Unterricht, der nicht allein vom Lehrer bestimmt ist und dessen Forderungen man sich mehr oder weniger unterwerfen muß, den Schülern (zunehmend) klar sein. Wer mitbestimmt, übernimmt auch Mitverantwortung. Und schließlich teilt jemand nur dann etwas über sich mit, wenn es langfristig Konsequenzen hat, wenn persönliche Konflikte eine Lösung finden, und unterschiedliche Anforderungen geklärt werden.

Die von uns vorgestellte und erprobte Unterrichtskonzeption führt zum bewußteren Umgang miteinander. Eine genauere und bewußtere Wahrnehmung der Interaktionspartner sollte auch zu einer genaueren Wahrnehmung der eigenen Person und zu einer verbesserten Fähigkeit „über sich selbst reden zu können" führen. Es werden Bedingungen geschaffen und Qualifikationen gefördert, die den Schülern auch bei der eigenen Identitätsbildung helfen.

5. Unterrichtsbeispiele

5.1 Vorbemerkungen: Ziele, Inhalte, Aufbau und Beispiele

Um günstige Voraussetzungen für die Verbesserung bzw. den Einsatz von Teilqualifikationen sozialen Handelns im Unterricht zu eröffnen, ist zum einen allgemein das Schaffen eines förderlichen Lernklimas in Form einer eher personorientierten Interaktion als notwendig herausgestellt worden; zum anderen wurden im Hinblick auf einzelne Teilqualifikationen spezifische Anforderungen an das Lehrerverhalten und spezielle unterrichtliche Maßnahmen formuliert, auf deren Einlösung der Lehrer, wann immer möglich, bedacht sein sollte.

Darüber hinaus wird nun in konkreten Unterrichtsbeispielen - hier als Modellstunden bezeichnet - durch bestimmte inhaltliche Vorgaben versucht, soziale Lernziele einer Realisierung näherzubringen. Dabei werden in einer Reihe von Schulsportarten u.a. typische soziale Problemsituationen aufgegriffen, die soziale Diskrepanzen besonders deutlich erkennen lassen und verhindern, daß das Sporttreiben allen Schülern Spaß macht. Es werden auch Unterrichtssituationen geschaffen, die in besonderem Maße zu gemeinsamem Handeln herausfordern.

Als durchgängiges Prinzip der Unterrichtsbeispiele ist zu erkennen, daß solche Diskrepanzerlebnisse bzw. die auf gemeinsames Handeln ausgelegten Unterrichtssituationen den Schülern bewußt gemacht und mit ihnen reflektiert werden. Das Unterrichtsgespräch hat daher eine besondere Bedeutung, ohne daß aber die praktische Betätigung vernachlässigt wird.

Die Unterrichtsinhalte werden weitgehend so konzipiert, daß möglichst eine gemeinsame Zugänglichkeit für alle Schüler gewährleistet ist, daß eine relativ offene Handlungssituation entsteht, und daß sich keine übertriebene Wettkampforientierung ergibt.

Dieses Unterrichtskonzept hat in vielen Aspekten Ähnlichkeit mit sogenanntem „schülerorientierten Unterricht" (vgl. MEYER 1981 und BRODTMANN 1979).

Die Auswahl der Unterrichtsbeispiele orientiert sich einerseits an der Erfahrung, welche Sportarten/Sportbereiche im Verlauf eines Schuljahres insbesondere in den Klassen 5 und 6 angeboten werden können, andererseits an curricularen Rahmenforderungen, wie sie in neueren Lehrplänen und Richtlinien für den Schulsport in bezug auf die sportartbezogenen Inhalte gestellt werden. So fordern z.B. die Hessischen Rahmenrichtlinien für diese Klassenstufe insbesondere den *Orientierungscharakter* und die Vielfalt des sportlichen Angebotes.

Orientierungscharakter bedeutet, daß die Unterrichtsinhalte sowohl auf die allgemeine, alltägliche Bewegungsumwelt des Kindes als auch auf die sportliche Umwelt eingehen und damit die Wahl in den folgenden Klassen vorbereiten sollen.

Die Forderung nach Vielfältigkeit des Angebotes besagt zum einen, daß neben den traditionellen Schulsportarten auch andere sportliche Betätigungsweisen, besonders unter dem Aspekt der Freizeitrelevanz, eingeführt werden sollen (vgl. Beispiel Rollschuhlauf); sie bedeutet zum anderen, daß über unterschiedlich strukturierte Inhalte unterschiedliche Sinnorientierungen sportlicher Handlungen erfahren werden sollen, u.a. als persönliche Leistung, als Leistung im Vergleich zu anderen, als Kooperation, als Ausdruck, als Eindruck/Erlebnis/Risiko.

Schließlich bieten die meisten neueren Lehrpläne neben bestimmten verpflichtenden Sportarten auch Wahlmöglichkeiten, die über den Kanon der traditionellen Schulsportarten hinausgehen (z.B. Tennis, Orientierungslauf, Kanu).

Es kann also davon ausgegangen werden, daß die neueren Lehrpläne dem einzelnen Lehrer bzw. den Schulen relativ großen Spielraum für die Auswahl von Unterrichtsinhalten lassen und die in den folgenden Unterrichtsbeispielen vorgeschlagenen Themen auch curricular legitimierbar sind.

Die nachfolgenden Unterrichtsbeispiele sind als Rahmenplanungen zu verstehen. Der schulsportliche Alltag ist gekennzeichnet durch die Notwendigkeit zur Variation und Improvisation von Unterrichtsplänen. Da fallen vorgesehene Stunden aus den verschiedensten Gründen aus, die Sportanlagen oder -geräte stehen nicht in der gewohnten Weise zur Verfügung, oder das Wetter macht die beste Planung unmöglich.

Aber nicht nur solche pragmatischen Gründe, sondern auch grundsätzliche didaktische Erwägungen, wie z.B. auf Wünsche der Schüler einzugehen und offene, d.h. in ihrer inhaltlichen und zeitlichen Entwicklung nicht abzuschätzende Situationen vorzusehen, verbieten eine allzu festgelegte Unterrichtsplanung. Es ist daher auch im Zusammenhang dieses Buches nicht sinnvoll, Unterrichtsbeispiele im Detail zu beschreiben.

Dennoch können und sollen insbesondere soziale Lernprozesse nicht der Beliebigkeit und Zufälligkeit anheim gegeben werden; sie verlangen im Sinn eines intentionalen Erziehungsverständnisses eine Vorplanung in inhaltlicher und methodischer Hinsicht, ohne sogleich eine programmartige Abfolge ein für alle Male festgelegter Lernschritte vorzugeben. Die nachfolgenden Unterrichtsbeispiele sollen deshalb als Rahmenplanungen verstanden werden, die hinsichtlich der Schülervoraussetzungen, der Ziele, der Inhalte, des methodischen Vorgehens und der Organisation des Unterrichts bestimmte Festlegungen treffen; die Detailplanung und situative Variation muß aber immer noch dem einzelnen Lehrer überlassen bleiben.

Die Unterrichtsbeispiele sind nach dem gleichen Grundschema aufgebaut. Am Beginn wird eine kurze Begründung für die Eignung des ausgewählten Lernbereiches im Sinn der sozialen Zielsetzung gegeben.

Die eigentlichen Modellstunden werden dann eingebunden in den gesamten Lernbereich der gewählten Sportart. Wenngleich in den Modellstunden soziale Lernziele betont werden, so macht die Darstellung der Gesamtstruktur des Unterrichts deutlich, daß die motorischen Lernziele keineswegs vernachlässigt werden; ja in den vorbereitenden und weiterführenden Phasen, die den größten Teil des Unterrichts ausmachen, sind sie zumeist dominant, und auch in den Modellstunden selbst behalten sie ihre Bedeutung.

Im dritten Teil der Unterrichtsbeispiele wird die Verlaufsplanung der Modellstunde(n) im Sinn einer Rahmenplanung wiedergegeben. Abschliessend werden bei einigen Unterrichtsbeispielen Erfahrungen mitgeteilt, die bei der wiederholten Erprobung mit Versuchsklassen gemacht werden konnten. Da diese Erfahrungen exemplarisch an der Klassenstufe 5 und 6 gemacht wurden, erscheint es angebracht, auch die Übertragbarkeit auf andere Altersstufen zu reflektieren.

5.2 Große Spiele: Fußball
Didaktische Begründung

Die Spieldidaktik der vergangenen 15 Jahre ist wesentlich geprägt durch die Auseinandersetzung um die Möglichkeiten und Grenzen der sozialerzieherischen Funktionen des Spiels. So formuliert BRETTSCHNEIDER z.B. als Thema eines spieldidaktischen Beitrages „Spezifisches motorisches Leistungsvermögen oder soziale Kompetenz - falsche Alternative oder zentrales Problem der Sportspieldidaktik" (BRETTSCHNEIDER 1977). Die „klassischen" Vermittlungskonzepte der Sportspiele rücken vorwiegend die motorischen Handlungselemente des Spiels in den Mittelpunkt. Es geht in ihnen um eine effektive Vermittlung spielspezifischer Fertigkeiten. Andere Konzepte stellen die sozialen Momente der Kooperation mit dem Mitspieler und die Auseinandersetzung mit dem Gegner in den Mittelpunkt (nach DIETRICH 1974: „situative Vereinfachung"). Wiederum andere verstehen Spielen als „Vollzug eines Spielgedankens, als Gestaltung einer Spielidee" und rücken die Selbstregulation und Anpassung der Spielregeln an die Bedürfnisse der Teilnehmer ins Blickfeld (nach DIETRICH 1974: „konditionale Vereinfachung"). Es erscheint daher angebracht, die Konzeption unserer Modellstunde und darüber hinaus der gesamten Unterrichtsreihe zum Fuß-

Miteinander spielen und . . .

. . . miteinander reden

ballspiel an solchen Vermittlungsmodellen zu orientieren, die mit dem Prinzip der „situativen Vereinfachung" und/oder „konditionalen Vereinfachung" arbeiten. (Weitere Hinweise dazu siehe DIETRICH 1974).

Strukturplanung zum Gesamt-Lernbereich
Einführungsphase
Die im Rahmen des Lernbereiches „Fußballspielen" vorgesehenen Modellstunden zur akzentuierten Vermittlung sozialer Lernziele benötigen keine spielspezifische technomotorische Vorbereitung, ja sie stehen ganz am Anfang der vorgesehenen Einführung in das Fußballspiel, die insgesamt auf ca. 6 UE angelegt sein sollte. Man kann allerdings davon ausgehen, daß ein Teil der Schüler aufgrund außerschulischen Sporttreibens bereits über spezifische Fertigkeiten verfügt und daß fast alle wohl die grundlegende Spielidee des Fußballspiels kennen und eine Grundform des Spiels auf Anhieb durchführen können.

Ausgehend von diesen Voraussetzungen wird am Ende der den Modellstunden vorausgehenden UE ohne jede Vorbereitung ein normales Hallenfußballspiel (je Mannschaft nicht mehr als 8 Spieler) durchgeführt. Die Mannschaftsbildung soll in der traditionellen Art durch wechselnde Zuwahl erfolgen, um heterogene Mannschaften zu erhalten.

Es ist zu erwarten, daß diese unmittelbare Konfrontation mit dem komplexen Spielgeschehen nicht störungsfrei abläuft und es zu einer Reihe von Konflikten beim Spielen kommt. Die Schwächeren, insbesondere die Mädchen, werden schnell an den Rand gedrängt, das zeigt sich bereits bei der Wahl der Mannschaften, ebenso im Beteiligungsgrad am Spiel, an den Spielerpositionen, an der Anzahl der Torschüsse etc. Diese Situation aber nimmt der Lehrer zum Anlaß, um unmittelbar nach dem Spiel in einem Gespräch (8 - 10 Minuten) die Erfahrungen der Schüler zu thematisieren und dabei u.a. folgendes anzusprechen:

Erfragen der Einstellung der Schüler zum Spiel (Wem hat das Spiel Spaß gemacht/wem nicht? Gegen welche Mannschaft hat das Spiel mehr Spaß gemacht?).

— Frage nach den Gründen für die Antworten (Kennenlernen der verschiedenen Perspektiven anderer),
— Einbringen der eigenen Beobachtungen des Lehrers zur Beteiligung am Spiel,
— Hinführen zum Ziel der „gleichmäßigen Beteiligung" (Technikkurs für Schwächere, Regelvariationen).
— Hausaufgabe für 4 - 6 „Spielführer": überlegt einmal und schreibt euch auf, wie man den Schwächeren das Annehmen, Abgeben und Führen des Balles beibringen kann. Ihr sollt in der nächsten Stunde „Trainer" für die sein, die nicht so gut spielen können.

Ziel des Gespräches insgesamt sollte sein, den Schülern bewußt zu machen, daß ein für alle befriedigendes Spielen eine möglichst gleichmäßige Beteiligung aller Mitspieler voraussetzt und daß es zu diesem Zweck sinnvoll ist, zum einen die spieltechnischen Voraussetzungen besonders bei den schwächeren Spielern zu verbessern und zum anderen die Spielregeln zu verändern.

Modellstunden
In Anknüpfung an das Gespräch in der vorhergehenden UE und die dort an einige Schüler erteilten Hausaufgabe werden die Technikprogramme in den Übungsgruppen von den beauftragten Schülern selbständig durchgeführt. Der Lehrer steht dabei als Berater und Helfer zur Verfügung. Am Ende der UE werden die geübten technischen Elemente in einer Spielphase angewendet. Hierbei gibt der Lehrer eine Regelvariation vor, die eine gleichmäßigere Beteiligung am Spielgeschehen unterstützen soll.

In einer zweiten Modellstunde, die der ersten möglichst bald folgen sollte, wird hauptsächlich gespielt. Dabei wird die Möglichkeit der Regelvariation zum Zweck einer gleichmäßigeren Beteiligung am Spiel in den Vordergrund gerückt. Die Schüler sind aufgefordert, selbst solche Regelvariationen zu finden und durchzuspielen, u.a. sind folgende Regelvariationen denkbar:

— Kein Spieler darf 2 x hintereinander aufs Tor schießen.
— Einige besonders herausragende Spieler dürfen nicht aufs Tor schiessen.
— Jungen und Mädchen müssen abwechselnd angespielt werden.
— Jungen und Mädchen müssen abwechselnd aufs Tor schießen.
— Jungen/bestimmte Spieler dürfen nur aufs Tor schießen, wenn sie den Ball vorher nicht geführt haben.
— Jungen/bestimmte Spieler dürfen nur mit dem linken (rechten) Fuß aufs Tor schießen.
— Alle Mitspieler müssen einmal aufs Tor geschossen haben, bevor man es ein weiteres Mal darf.
— Jeder, der aufs Tor geschossen hat, geht anschließend selbst ins eigene Tor.

Fortführung
Die Einführung in eines der großen Sportspiele in der 5. oder 6. Klasse sollte nach Möglichkeit in einem Block von ca. 6 UE erfolgen und nicht durch andere dazwischengeschobene Unterrichtsinhalte zerstückelt werden. Nachdem auf diese Weise die technischen und taktischen Grundlagen ansatzweise vermittelt worden sind, müßte im Verlauf eines Schuljahres immer wieder einmal dieses Spiel zum Inhalt einer UE oder eines Teiles davon werden, um die Lernergebnisse zu festigen und das Spielniveau zu erhöhen.

Nach den beiden Modellstunden im Einführungsblock sollten also weitere 4 UE folgen, die die einzelnen technischen und taktischen Grundlagen des Spiels weiter entwickeln helfen. Es ist dabei auch im Sinn der sozialen Ziele angebracht (s.o.), daß der Lehrer auf ganzheitliche, situativ vereinfachende Methodenkonzeptionen zurückgreift, wie sie für das Fußballspiel von DIETRICH (1970) und BREMER (1981) aufgezeigt worden sind. Diese Konzeptionen ermöglichen es auch, daß neben den stärker vom Lehrer strukturierten Unterrichtsteilen die Schüler immer wieder einmal Gelegenheit zum selbständigen Übernehmen einzelner Lernphasen erhalten (insbesondere innerhalb der Übungsphasen). In den Spielphasen sollte der Lehrer seine eigenen Beobachtungen und auch die Aufmerksamkeit der Schüler bewußt wiederholt auf die Einbeziehung schwächerer Schüler lenken und damit an die Ziele der Modellstunden erinnern.

Motorisches und soziales Lernen können bei der Wahl eines geeigneten Spielvermittlungskonzeptes gleichzeitig gefördert werden.

Verlaufsplanung der Modellstunden

Unterrichtsziele und Themen
Es kann davon ausgegangen werden, daß die Schüler es akzeptieren - wenn sie sich für ein bestimmtes Spiel entschieden haben - dieses Spiel so zu spielen und zu lernen, daß möglichst alle Schüler sich daran sinnvoll beteiligen können. Sie wissen aber auch, daß in Wirklichkeit die Schwächeren gerade beim Spielen oftmals an den Rand gedrängt werden, daß die erfahrenen und guten Spieler das Spiel allein machen (wollen).

In den beiden Modellstunden soll es unter der allgemeinen Zielperspektive, keinen Schüler aufgrund schlechter Leistungen, mangelnder Beliebtheit und/oder aufgrund seines Geschlechts aus der Gemeinschaft auszuschließen oder ihn zu diskriminieren, darum gehen:
— ungleiche Beteiligung und ihre Bedingungen wahrzunehmen,
— Bereitschaft zu wecken, den Könnensvorsprung zum Wohl der Schwächeren einzusetzen (Hilfen zu geben, „Trainerfunktion" zu übernehmen),
— Bereitschaft bei den Außenstehenden zu wecken, sich aktiv am Spielen und Lernen zu beteiligen,
— Veränderungen der Spielsituationen unter dem Ziel der gleichmäßigen Beteiligung aller zu akzeptieren.

In der 1. UE der Modellphase werden Übungsprogramme durchgeführt, die von einigen erfahreneren Schülern geplant wurden. Die 2. UE stellt das komplexe Fußballspiel in den Mittelpunkt, wobei durch verschiedene, von den Schülern selbst zu findende Regeländerungen eine möglichst gleichmäßige Beteiligung aller Mitspieler erreicht werden soll.

Im *motorischen Lernzielbereich* geht es während der Modellphase darum:
— Ballannahme und -abgabe und das Führen des Balles als grundlegende technische Elemente des Fußballspiels in der Grobform zu erlernen,
— das Anbieten und Freilaufen sowie eine sinnvolle Raumaufteilung in Grundzügen als taktische Elemente zu erlernen,
— einige Grundregeln des Fußballspiels anwenden zu lernen (Gegner nicht stoßen oder schlagen; Einhalten der räumlichen Begrenzungen).

Durchführung der 1. Modellstunde

Aufgabenbeschreibung	Methodische und organisatorische Hinweise
Aufwärmphase (ca. 7 Min.) Freies Spielen mit verschiedenen Bällen	3 Kleinspielfelder werden während dieser Zeit (oder vorher) aufgebaut, Beobachtungen des Lehrers zur Aktivität der eingeteilten Spielführer; zur Gruppenkonstellation.
Gesprächsphase (ca. 8 Min.) Anknüpfen an das Schlußgespräch der vorherigen Stunde. Einbringen der Beobachtungen in der Aufwärmphase; Grundinformation über die wichtigsten technischen Elemente. Formulierung der Aufgabenstellung (siehe Vorgespräch) ohne Festlegung der Reihenfolge; Zuteilung der Gruppen zum „Trainer" durch den Lehrer (heterogene Übungsgruppen).	Auf gleichmäßige Verteilung der Jungen und Mädchen achten; Gruppen sollten später zu Mannschaften zusammengefaßt werden können.
Übungsphase (ca. 20 Minuten) Übungsgruppen suchen sich selbst die notwendigen Übungsräume und beginnen mit dem Techniktraining.	Lehrer geht von Gruppe zu Gruppe; gibt Anregungen, wenn die Betätigung nicht in Gang kommt; gibt von Fall zu Fall Hilfen und Korrekturen.
Gesprächsphase (ca. 8 Min.) Auswertung der Beobachtungen und Erfahrungen in der Übungsphase, u.a.	

Durchführung der 1. Modellstunde

Aufgabenbeschreibung	Methodische und organisatorische Hinweise
— was hat gefallen, was nicht? — war man mit dem „Trainer" zufrieden? — war der „Trainer" zufrieden? — wie haben die Schüler mitgemacht? — was hat der „Trainer" dabei gelernt?	
Spielphase (ca. 15 Minuten) Fußballspiel (z.B. 5 gegen 5) unter Vorgabe der Regelvariation; kein Spieler darf 2x hintereinander aufs Tor schießen. Lehrer und gegebenenfalls nicht spielende Schüler beobachten die Beteiligung am Spiel.	3 Kleinfelder nebeneinander evtl. durch Gymnastikbänke getrennt; Tore (ca. 1x2 m) durch Matten oder Klebestreifenmarkierungen an den Längsseiten der Halle.

Durchführung der 2. Modellstunde

Aufgabenbeschreibung	Methodische und organisatorische Hinweise
Aufwärmphase (ca. 10 Min.) Freies Spielen mit verschiedenen Bällen	3 Kleinspielfelder werden während dieser Zeit vom Lehrer unter Mithilfe von Schülern aufgebaut. Lehrer beobachtet die Gruppenkonstellation (unter Bezug auf die Gruppenbildung in der letzten Stunde).
Gesprächsphase (ca. 7 Min.) Anknüpfen an die Zielsetzung der vorhergehenden Modellstunde, insbesondere an die sozialen Lernziele. Sinn der Regelvariation herausarbeiten. Weitere Möglichkeiten der Regelvariation zum Zweck der gleichmäßigen Beteiligung al-	

Durchführung der 2. Modellstunde

Aufgabenbeschreibung	Methodische und organisatorische Hinweise
ler herausfinden. Entscheidung für eine der Regelvariationen.	
Spielphase (ca. 20 Min.) Spielen auf den Kleinfeldern in den Gruppen der vorhergehenden Stunde nach der ausgewählten Regelvariation. Lehrer und gegebenenfalls nicht spielende Schüler beobachten die Beteiligung am Spiel.	
Gesprächsphase (ca. 5 Min.) Thematisieren der Beobachtungen und der Schülererfahrungen.	
Spielphase (ca. 18 Min.) Spielen des Zielspiels in der Grundform (ohne Regelvariation).	Lehrer unterbricht von Zeit zu Zeit das Spiel und macht aufmerksam — auf gelungenes Einbeziehen sonst Abseitsstehender, — auf gute Spielleistungen sonst Schwächerer, — auf gravierende technische und taktische Fehler.

Ergebnisse, Erfahrungen, Übertragbarkeit

Die Durchführung der Modelleinheiten in fünften und sechsten, weitgehend gemischt-geschlechtlichen Klassen hat gezeigt, daß die Aufgabenstellungen realisierbar sind. Die Schülergruppen waren im allgemeinen sehr gesprächsbereit und -freudig; sie zeigten sich offen für die mit der Modelleinheit verbundene Zielsetzung und Thematik. Die organisatorische Vorgabe des Spiels auf Kleinfeldern konnte nicht immer durchgehalten werden, zum einen bedingt durch den Wunsch der Schüler, auf größerem Spielfeld in der ganzen Halle zu spielen, zum anderen bedingt durch fehlende Markierungsmöglichkeiten sowie die beengten Verhältnisse in einer Normalturnhalle. In dieser Hinsicht sollte je nach den organisatorischen Möglichkeiten und den Bedürfnissen der Schüler auf Klein- oder Normalfeldern gespielt werden.

Die *Planungsaufgaben* wurden von den beauftragten Schülern zumeist mit hohem Engagement und großer Sorgfalt, z.T. sogar unter Benutzung von Literatur erledigt. Bei der Organisation einzelner Übungsformen (Raumaufteilung, Gerätebereitstellung) bedurfte es zuweilen der Hilfestellung durch den Lehrer.

Im Hinblick auf die *Regelvariationen* kam von seiten der Schüler eine erstaunliche Vielfalt von Vorschlägen, die nicht zuletzt darauf schließen läßt, daß die Problematik der Spielbeteiligung den Kindern nicht fremd ist, sondern auch in ihrer außerschulischen Spielwelt erfahren und gelöst wird.

Bei den *Beobachtungsaufgaben* hat sich gezeigt, daß diese den Schülern sehr gezielt und eingegrenzt gegeben werden sollten. Sie scheinen auch nur akzeptiert zu werden, wenn nur einige wenige Schüler zuschauen und diese nicht durch andere Mitschüler oder Tätigkeiten abgelenkt sind. Das ist z.B. der Fall, wenn der eine Teil der Klasse das Normalspielfeld einer Turnhalle benutzt und der andere Teil auf den Einsatz warten muß.

Die hier für eine Einführung in das Fußballspiel beschriebenen UE sind auch für das Basketballspiel und das Handballspiel erprobt worden und haben dort zu vergleichbaren positiven Ergebnissen geführt. Beim Basketballspiel gab es insofern etwas Schwierigkeiten, daß nur sehr wenige Schüler über hinreichende Spielerfahrung verfügten; das selbständige Übungsprogramm der Schüler war dann im wesentlichen eingeschränkt auf Fangen, Zuspielen, Dribbeln des Balles und basketballunspezifisches Werfen auf den Korb.

Im Prinzip sind die Grundideen der Modellstunden auf alle Zielschuß- und Zielwurfspiele übertragbar.

In bezug auf die Altersgruppe kann bei einer Übertragung der Unterrichtsideen auf ältere Schüler ein noch höherer Unterrichtserfolg erwartet werden, da diese bereits über größere Fähigkeiten zum selbständigen und reflektierten Handeln verfügen müßten. Schüler der Grundschule bereits mit diesem Konzept zu konfrontieren, halten wir allein deshalb nicht für sinnvoll, weil eine Einführung in die großen Sportspiele in entwicklungspsychologischer und curricularer Hinsicht nicht angebracht erscheint. Das soll aber nicht bedeuten, daß nicht bereits auch so jungen Schülern der Gedanke der gemeinsamen, gleichgewichtigen Teilnahme am Spiel bereits vermittelt werden könnte und sollte, z.B. bei den vielfältigen Formen der sogenannten Kleinen Spiele.

5.3. Kleine Spiele

Didaktische Begründung

Über viele Jahre drohte dem Spiel zumindest im Schulsport der Sekundarstufen eine Reduktion auf die Großen Sportspiele. Die sogenannten Kleinen Spiele wurden im wesentlichen, wenn sie überhaupt herangezogen wurden, nur in der Funktion einer zielstrebigen Vorbereitung auf die Sportspiele eingebracht. In dem Maße aber, wie sich seit Ende der 70er Jahre - auch im öffentlichen Sport (vgl. Spiel-mit-Aktion des DSB und die New Games-Bewegung in den USA) - eine Neubesinnung auf das Spielen im Sinn eines geselligen und vertrauensvollen Miteinander vollzieht, wächst auch (wieder) die Bedeutung der Kleinen Spiele als eigenständiger Lernbereich mit spezifischer didaktischer Zielsetzung.

Die Kleinen Spiele lassen sich von den Großen Sportspielen dadurch abgrenzen, daß sie keinem organisierten Wettkampfbetrieb und damit keinem kodifizierten Regelwerk unterliegen, sondern den situativen Spielbedingungen und den unterschiedlichen Spielinteressen der Teilnehmer angepaßt und weiterentwickelt sowie mit geringen technischen, taktischen und organisatorischen Voraussetzungen gespielt werden können (vgl. SCHERLER, K.H. 1977, 38 f). Eine solche Offenheit der Kleinen Spiele macht sie für unseren sozialen Lernzusammenhang besonders bedeutsam, weil an ihnen ein rationaler und flexibler Umgang mit Spielregeln geübt werden kann, der das Ziel verfolgt, die Bedingungen für gemeinsames Handeln im Sportunterricht zu reflektieren und zu sinnvollen sozialen Vereinbarungen zu kommen.

Indem der Lehrer beim Anbieten Kleiner Spiele immer wieder auf die Variation und Anpassung an die situativen Bedingungen hinarbeitet, kann eine Förderung unserer sozialen Lernziele erwartet werden. Zugleich aber können und sollen Kleine Spiele auch ein grundlegendes technisches und taktisches Handlungsrepertoire vermitteln und erweitern (z.B. Werfen - Fangen, Anbieten, Freilaufen) und damit schließlich auch ihre Vorbereitungsfunktion für die Großen Sportspiele erfüllen.

Strukturplanung zum Gesamt-Lernbereich

Die unten aufgeführten Spielbeispiele sind nicht im Sinn einer in sich geschlossenen Spielreihe und im Kontext eines fest umgrenzten Lernbereiches zu sehen. Es handelt sich um jeweils selbständige „Bausteine", die in verschiedenen auch zeitlich auseinander liegenden Unterrichtsstunden in unterschiedlicher Funktion (z.B. zum Aufwärmen, als Stundenabschluß oder als Teil einer Spielreihe) verwendet werden können. Es erübrigt sich daher auch eine gesonderte Strukturplanung.

Verlauf der Modellphasen

Unterrichtsziele und Thema

Vom Lehrer und/oder den Schülern werden verschiedene Kleine Spiele vorgeschlagen und zunächst in der allgemein bekannten Art und Weise gespielt. Im Hinblick auf die sozialen Lernziele sollen die Schüler lernen, durch Regelvariation die Spiele so abzuändern,

— daß möglichst alle daran teilnehmen können,
— daß schwächere Schüler nicht nur Statistenrollen besetzen oder gleich aus dem Spiel ausscheiden,
— daß das Spiel möglichst lange für alle spannend bleibt (ausgewogene Bedingungen),
— daß bestimmte Aufgaben nicht allein erfüllt werden können, sondern der Kooperation bedürfen.

Im *motorischen* und im *kognitiven Bereich* geht es u.a. darum,

— daß die Schüler grundlegende Spielfertigkeiten (besonders im Umgang mit Bällen) üben,
— grundlegendes, spielübergreifendes taktisches Verhalten lernen,
— Prinzipien der Regelfindung kennenlernen,
— Anwendungsmöglichkeiten und Funktionen Kleiner Spiele erkennen,
— Schiedsrichterfunktion selbst wahrnehmen.

Durchführung der Modellphasen

Die einzelnen Modellphasen sollten jeweils nach folgendem Grundschema gegliedert werden:

Aufgabenbeschreibung	Methodische und organisatorische Hinweise
Spielphase (Konfrontationssituation) (ca. 8 Minuten)	
Viele Spiele werden in ihrer Grundform den Schülern bekannt sein. Spielidee und die wichtigsten Regeln sollten jedoch vorher kurz noch einmal erklärt werden.	Spielen eines der Kleinen Spiele nach traditionellen Regeln (z.B. Völkerball).
Gesprächsphase (Problemformulierung und Lösungsvorschläge) (ca. 6 Minuten)	
Thematisieren der Spielerfahrungen im Hinblick auf gleichmäßige und gleichgewichtige Beteiligung, Spielspannung und Verlauf der	Der Lehrer sollte durchaus auch Lösungsvorschläge akzeptieren und erproben lassen, von denen zu erwarten ist, daß sie keine

Aufgabenbeschreibung	Methodische und organisatorische Hinweise
Spielmotivation, Suche nach Regelvariationen zur Beseitigung der Spielprobleme.	positive Veränderung der Spielsituation bringen.
Spielphase (Erprobungsphase) (ca. 8 Minuten)	
Spielen der Variation nach den vorgeschlagenen Regeln.	Schüler, die nicht am Spielgeschehen beteiligt sind, sollen das Spielverhalten beobachten und dann mitteilen, welche Effekte die Regeländerungen gebracht haben.
Gesprächsphase (Auswertung) (ca. 6 Min.)	
Schüler und Lehrer bringen ihre Beobachtungen und Erfahrungen ein; sie diskutieren, ob und welche Regeln gegebenenfalls weiter verändert werden sollen.	Besteht Konsens darüber, daß nun eine für alle befriedigende Spielform gefunden wurde, so sollte diese Form in einer der folgenden Stunden (durchaus auch mehrere Male) wiederholt werden.

Im folgenden sind einige von uns mit gutem Erfolg in Modellphasen erprobte Spielformen mit Variationsmöglichkeiten aufgeführt.

Jägerball

Traditionelle Form
Ein Spieler oder mehrere Mitglieder der Gruppe, die sich innerhalb eines entsprechend der Gruppengröße und dem spezifischen Fertigkeitsniveau gewählten Spielfeldes befinden, werden zum „Jäger" erklärt, alle übrigen sind die „Hasen". Der oder die Jäger versuchen, die frei im Spielfeld herumlaufenden Hasen „abzuschießen". Jeder getroffene Hase scheidet aus, der letzte frei herumlaufende Hase ist Sieger und wird im nächsten Spiel automatisch Jäger.

Variationsmöglichkeiten
1. Jeder getroffene Hase wird Jäger (dadurch scheidet niemand aus dem Spiel aus).
2. Jägerball mit zwei Mannschaften, es stehen sich von Anfang an zwei gleich starke Parteien als Jäger und Hasen gegenüber: Es wird nach

Zeit- und Punktwertung gespielt, wobei die abgeworfenen Hasen in der Mannschaft verbleiben und nur die Treffer gezählt werden.
3. Jägerball mit zwei Mannschaften, wobei die Jäger, wenn sie den Ball verlieren, die Rolle der Hasen übernehmen.

Völkerball

Traditionelle Form
Das Spielfeld ist durch eine Mittellinie geteilt. Ein Spieler jeder Mannschaft befindet sich außerhalb des Spielfeldes der gegnerischen Mannschaft. Die Mannschaften versuchen, die Spieler der Gegenpartei abzuwerfen. Abgeworfene Spieler stellen sich ebenfalls außerhalb des Spielfeldes der Gegenpartei auf und versuchen nun von dort aus, die Gegner abzuwerfen. Verloren hat, wer zuerst keine Spieler mehr im Feld hat.

„Völkerball"

Variationsmöglichkeiten
1. Abgeworfene Spieler können sich durch Abwurf eines Gegners wieder ins eigene Spielfeld „schießen".
2. In jedem Spielfeld befinden sich Hindernisse (z.B. Kasten), die den Spielern vor einem Abwurf Deckung bieten.
3. Ein Spieler ist im Feld, die anderen stehen um das gegnerische Spielfeld herum. Durch Treffer der im Feld befindlichen gegnerischen Spieler wirft man sich ins eigene Feld. Sieger ist, wer zuerst alle Spieler im Feld hat.
4. Die Mannschaften teilen sich. Die Hälfte der Mannschaft steht im Feld, die andere Hälfte um das gegnerische Feld herum. Nur die Spieler außerhalb des Spielfeldes dürfen abwerfen. Wer einen Gegner abgeworfen hat, darf solange ins eigene Feld, bis er von einem Gegner abgewor-

fen wird. Dann muß er sich wieder außerhalb aufstellen und versuchen, durch Abwerfen erneut ins Spiel zu kommen. Gezählt wird, wer nach einer bestimmten Zeit die meisten Spieler im Feld hat.

5. Krankentransport: In jedem Spielfeld liegt eine Turnmatte. Wer abgeworfen worden ist, legt sich auf die Matte. Er darf dann wieder mitmachen, wenn er an Armen und Beinen von zwei Mitspielern hinter die Spielfeldbegrenzung getragen worden ist. Während der „Befreiung" darf man abgeworfen werden. Verloren hat die Mannschaft, die - bis auf einen Spieler - auf die Matte mußte.

Turmball

Traditionelle Form
Am Spiel beteiligen sich zwei Mannschaften. Ziel des Spiels ist, einem Turmwächter, der auf einem Kasten im hinteren Teil des gegnerischen Feldes steht, den Ball zuzuwerfen. Bei Ballverlust versucht die andere Partei, ihrem Turmwächter den Ball zuzuspielen. Die Spielregeln können in Anlehnung an die Handballregeln festgelegt werden.

„Turmball"

Variationsmöglichkeiten
1. Der Ball darf erst aus einer bestimmten Entfernung dem Turmwächter zugespielt werden.
2. Nach jedem erfolgreichen Ballfang des Turmwächters wird dieser gewechselt, bis alle Spieler einer Mannschaft an der Reihe waren.
3. Alle Spieler müssen vor dem Wurf auf den Turmwächter den Ball gespielt haben (problematisch, da abhängig von den technischen Fertigkeiten).
4. Das zweite Zuspiel eines Spielers auf den Turmwächter darf erst dann erfolgen, wenn alle übrigen Mannschaftsmitglieder ebenfalls bereits einen Wurf hatten.

Brennball

Traditionelle Form
Eine Mannschaft befindet sich im, die anderen außerhalb des Spielfeldes. Der erste Spieler der außerhalb des Spielfeldes befindlichen Mannschaft wirft den Ball ins Feld und beginnt gleichzeitig, um dieses zu laufen. Die Spieler der anderen Mannschaft versuchen, den Ball zu fangen und möglichst schnell an das Brennmal zu spielen. Erreicht der Ball das Brennmal, während der Läufer zwischen zwei Freimalen ist, so scheidet der Läufer aus. Für einen Spieler, der das Feld in einem Lauf umrundet, erhält die Mannschaft 3 Punkte, bei einem Lauf mit Unterbrechung 1 Punkt.

„Brennball"

Variationsmöglichkeiten

1. Der Ball muß nicht in ein Brennmal befördert werden, sondern die Mannschaft muß versuchen, den Läufer abzuwerfen.
2. Abgeworfene oder „verbrannte" Spieler scheiden nicht aus dem Spiel aus, sondern die Mannschaft erhält dafür Minuspunkte.
3. Ziel ist nicht, das Feld zu umrunden, sondern zwei Spieler, die gleichzeitig am rechten bzw. am linken Spielfeldrand starten, versuchen, ein jeweils am entfernten Spielfeldrand angebrachtes Mal zu umrunden und zur Grundlinie zurückzukehren. Aufgabe der im Feld befindlichen Partei ist es, beide Läufer abzuwerfen. Gelingt das, so tauschen die Mannschaften die Positionen; wird ein Läufer abgeworfen, erhält die Feldpartei einen Punkt. Die Läuferpartei erhält für jeden gelungenen Rundlauf ebenfalls einen Punkt. Sieger ist, wer die meisten Punkte gesammelt hat.

Kartonball

Das Spielfeld wird in zwei Hälften unterteilt. Das Spielziel besteht darin, einen Ball in ein Tor (Karton, umgedrehte kleine Kiste o.ä.) des Gegners zu werfen. Dabei gelten die Grundregeln des Handballspiels. Für das Tor gibt es - je nach Fertigkeitsniveau der Spieler - folgende Möglichkeiten:

1. Das Tor steht innerhalb eines Kreises, der nicht betreten werden darf.
2. Das Tor darf von einem Spieler in der eigenen Spielhälfte auf dem Boden verschoben werden. Dabei darf das Tor von ihm nur an einer Seite mit dem Körper gedeckt werden, es darf nicht vom Boden abgehoben werden.
3. Das Tor darf im gesamten Spielfeld verschoben werden; im übrigen gelten die Regeln wie unter 2.

Korfball

Ein längliches Spielfeld wird in gleich große Drittel aufgeteilt; in den Feldern A und C ist je ein freistehender Korb aufgestellt. Beide Mannschaften bestehen aus 12 Spielern (6 männliche, 6 weibliche), von denen je 4 (2 männlich, 2 weiblich) in einem Drittel spielen, das sie nicht verlassen dürfen. Ziel des Spiels ist, den Ball in den gegnerischen Korb zu werfen. Nach zwei Korberfolgen wechseln die Spieler der erfolgreichen Mannschaft ein Drittel (A nach B, B nach C, C nach A). Mit dem Ball darf nicht gelaufen, und er darf auch nicht gedribbelt oder mit den Füßen gespielt werden. Beim Korfball kommt es also besonders auf sicheres Werfen und Fangen und das Spiel ohne Ball an.

Seltsame Wettläufe

(Spielformen nach DAUBLEBSKY)

1. Jedes Kind sucht sich einen Partner. Die Partner stellen sich nebeneinander an eine Wand der Halle. Jeder Schüler versucht nun, mit seinen Händen die Fußknöchel seines Partners zu fassen. In dieser Position soll die Halle durchquert werden. Die Partner dürfen sich dabei nicht loslassen.
2. Die Klasse ist in Gruppen zu 5 Schülern eingeteilt. Die Aufgabenstellung lautet: Jede Gruppe soll sich gemeinsam von der einen Seite der Halle zur anderen bewegen und dabei so wenig Füße wie möglich auf den Boden setzen.
3. Die Klasse ist in Gruppen zu 5 und 7 eingeteilt. Eines der Gruppenmitglieder soll von einer Seite des Raumes zur anderen transportiert werden, wobei jeder Träger nur einen Arm verwenden darf.

Bei diesen Spielen wird Kooperation gefordert, da sie ohne diese nicht durchführbar sind. Außerdem können Berührungsängste und Verbote abgebaut werden. „Wichtig sind diese Spiele aber auch aus einem anderen Grund. Obwohl diese Spiele als Wettläufe bezeichnet sind und daher zur Konkurrenz auffordern, habe ich beobachtet, daß eher das Gegenteil geschieht. Das Spielvergnügen läßt die Kinder den Wettkampf vergessen. Die Komplikationen bei der Fortbewegung durch die Verschlingungen von Armen und Beinen machen solchen Spaß, daß der anfängliche Wunsch, möglichst schnell und erster zu sein, oft im Gelächter untergeht" (DAUBLEBSKY 1977, S. 83/84).

Spiele mit Bierdeckeln und Tischtennisbällen

1. Es werden zwei Mannschaften gebildet, die sich in zwei Spielfeldern gegenüberstehen. Die Mittellinie markiert eine 10 - 20 cm über dem Boden gespannte Zauberschnur. Die übrigen Feldbegrenzungen bilden vorhandene Bodenmarkierungen, oder es werden entsprechende Linien abgesteckt. Jeder Teilnehmer hat einen Bierdeckel. Die Spielidee besteht darin, Tischtennisbälle so mit Hilfe der Bierdeckel unter der Schnur hindurch ins gegnerische Feld zu spielen, daß sie, ohne gestoppt werden zu können, die Markierungen passieren. Jedes Passieren der gegnerischen Markierungen gibt einen Punkt.

   Um das Bierdeckelspiel kennenzulernen, können sich zunächst zwei Partner einen Ball zurollen. Das Mannschaftsspiel sollte mit so vielen Bällen gespielt werden, daß alle Teilnehmer ständig damit beschäftigt sind, Bälle vor dem „Aus" abzufangen und möglichst schnell wieder ins gegnerische Feld zu spielen.

2. An der Wand werden zwei Tore markiert oder Matten als solche aufgestellt. Zwei Mannschaften (je 4 - 6 Spieler) stehen sich gegenüber und versuchen, mit Hilfe der Bierdeckel einen Tischtennisball ins gegnerische Tor zu spielen. Verschiedene Regelfestlegungen sind möglich: Der Ball darf möglichst nur gerollt werden, nur etwa hüfthoch oder aber auch beliebig gespielt werden.

5.4 Rückschlagspiele

Didaktische Begründung

Rückschlagspiele haben im Schulsport noch keine lange Tradition. Erst mit der Öffnung des Schulsportkanons für sogenannte „Freizeitsportarten" fanden sie zunehmend Berücksichtigung. Es entwickelten sich spezifische schulmethodische Konzepte zur Einführung in Tennis, Tischtennis, Badminton, Volleyball oder Prellball. In letzter Zeit setzt sich in der Spielmethodik nun verstärkt die Auffassung durch, daß die gemeinsamen Strukturmerkmale der Rückschlagspiele auch ein übergreifendes Vermittlungskonzept, insbesondere für die Einführungsphase, nahelegen (BREMER, D. 1981; WITZEL, R. 1984).

Gemeinsames Merkmal dieser Ansätze ist es, daß den Schülern am Beginn des Lernprozesses viel Raum zum selbständigen Erproben, Experimentieren, Sammeln von Bewegungserfahrungen mit verschiedensten Rückschlaggeräten und -materialien gelassen wird, daß auf normierende Regeln weitgehend verzichtet wird, das wettkampfbetonte Spielen gegenüber dem Miteinander-Spielen zurücktritt.

Damit aber sind, wie wir wiederholt dargestellt haben, günstige unterrichtliche Bedingungen für die Förderung sozialer Lernziele gegeben. Der Lernbereich Rückschlagspiele bietet also, wenn man den neueren übergreifenden Vermittlungskonzepten folgt, gute Möglichkeiten, die von uns angestrebten sozialen Lernziele zu fördern.

Strukturplanung zum Gesamt-Lernbereich

Einführungsphase

Die vorgesehene Modellstunde steht am Anfang einer insgesamt auf drei bis vier UE angelegten Unterrichtsreihe zur übergreifenden Einführung in die Rückschlagspiele. Es wird daher nicht davon ausgegangen, daß bei den Schülern ein Mindestmaß an spieltechnischen und taktischen Fertigkeiten vorhanden sein muß. Es kann allerdings damit gerechnet werden, daß alle Schüler in ihrer außerschulischen Bewegungsaktivität schon einmal irgendein Rückschlagspiel gesehen und/oder selbst gespielt haben und daß ein durchaus unterschiedliches Bewegungsrepertoire für diesen Lernbereich vorhanden ist.

An diese Erfahrungen knüpft der Lehrer an, wenn er im Rahmen eines vorausgehenden Planungsgespräches für die kommenden Unterrichtseinheiten auf den Lernbereich „Rückschlagspiele" hinführt. Ausgehend vom Begriff „Rückschlagspiele" sollten die Schüler u.a.

— Beispiele für diese Art von Spielen benennen und ihre Zuordnung begründen,
— ihre Beobachtungen und Erfahrungen im außerschulischen Sport darstellen,
— die Verbreitung und Entwicklung einschätzen,
— ihr Interesse äußern,
— Gründe für die bisher geringe Verbreitung als Schulsport suchen,
— zu Hause oder im Bekanntenkreis vorhandene Rückschlagspielgeräte mitbringen.

Das einführende Planungsgespräch dient zum einen der didaktischen Legitimation der folgenden Unterrichtseinheiten (Bedeutung als vielfältige, interessante Freizeitsportaktivität) und soll das Interesse der Schüler für die kommenden Lernprozesse wecken.

Modellstunde
Dem Ansatz der neueren Rückschlagspiel-Methodik folgend wird in der 1. UE zu diesem Lernbereich den Schülern die Möglichkeit zum selbständigen Experimentieren mit den Spielmaterialien und zum Entwickeln eigener Spielideen gegeben. Die Aufgabenstellung wird dabei vom individuellen und partnerbezogenen Erproben verschiedener Schlaggeräte und Bälle über das Finden von einfachen Spielideen (allein oder mit Partner) bis zum Mannschaftsspiel schrittweise komplexer, behält dabei aber ein großes Maß an Offenheit.

Bedingt dadurch, daß verschiedene Spielgeräte und dafür geeignete Bälle nur in begrenztem Umfang vorhanden sind und die Spielräume erst jeweils hergerichtet werden müssen, wird es notwendig, daß die Schüler untereinander Interessenunterschiede besprechen, auf bestimmte Spielwünsche verzichten oder sie aufschieben. Der Lehrer sollte diesen Diskussionsprozeß durch organisatorische Anweisungen nicht vorschnell beenden.

Fortführung
In der Modellstunde kann nur ein Teil der Spielmöglichkeiten erprobt werden. Auch gezielte Hinweise zum Erlernen bestimmter Techniken können in dieser ersten Stunde nur in sehr begrenztem Umfang gegeben werden. Es sollte sich daher eine 2. UE nach dem gleichen Grundmuster wie die Modellstunde anschließen. Es ist auch möglich, die Spielformen über mehrere der folgenden Sportstunden zu verteilen, z.B. jeweils am Ende ca. 20 - 30 Minuten. Festigung von grundlegenden Fertigkeiten und Fähigkeiten

für Rückschlagspiele, Erkennen der Grundprinzipien der Rückschlagspiele (abwechselndes Schlagrecht, räumliche Trennung der Spielparteien) und damit Erweiterung der Spielerfahrung und Erwerb der Fähigkeit zur situationsbezogenen Anwendung und Variation sind Ziele dieser 2. Phase einer übergreifenden Einführung in die Rückschlagspiele. In einer 3. Phase soll der Übergang zu spielspezifischen Handlungen (z.B. vorbereitende Spielformen zum Tennis oder zum Volleyball) erfolgen. Die spielspezifischen Methodiken geben in dieser Hinsicht weiterführende Hinweise. In Anknüpfung an das bisherige methodische Vorgehen sollten dabei ganzheitliche, situativ vereinfachende („spielgemäße") Methodenkonzeptionen angewendet werden (vgl. Modellstunde Fußballspielen).

Verlaufsplanung der Modellstunde

Unterrichtsziele und Thema
Die Modellstunde rückt das Wahrnehmen und das Aushandeln unterschiedlicher Spielwünsche in den Mittelpunkt des *sozialen Lernprozesses.*

Im einzelnen geht es darum,
— Interessenunterschiede wahrzunehmen und sich mit ihnen auseinanderzusetzen,
— Bereitschaft zu wecken, auf den eigenen Spielwunsch zu verzichten bzw. diesen aufzuschieben,
— Bereitschaft zu wecken, die eigene Spielerfahrung anderen als Hilfe anzubieten.

Im *sportmotorischen* und *kognitiven* Bereich geht es vor allem um folgende Ziele:
— Entdecken und Erproben verschiedener Spielmöglichkeiten,
— Erkennen gemeinsamer Grundstrukturen von Rückschlagspielen,
— Erlernen elementarer Fertigkeiten und Fähigkeiten wie u.a. Schlägerhaltung, situationsgerechtes Handeln in bezug auf Partner und Gerät, Unterschiede in der Schlagform erkennen und in Grobform anwenden (Vor- und Rückhandschläge, Aufschläge),
— Kombinieren und Variieren grundlegender Spielhandlungen.

Für die Schüler wird die Aufgabe gestellt, unter Verwendung der bereitliegenden verschiedenen Spielgeräte selbständig Spielmöglichkeiten zu finden und zu erproben. Diese Grundaufgabe wird zunächst als individuelles oder partnerbezogenes freies Spielen mit den Schlägern und Bällen angeboten. Erste Erfahrungen mit der Beschaffenheit und Form der Spielmaterialien können so gewonnen werden.

Im weiteren Verlauf der Stunde sollen die Schüler dann Spielformen/Spielideen finden und entsprechende Regeln aufstellen, die es ermöglichen, einen Ball für sich allein oder mit einem Partner im Spiel zu halten. Eine Erweiterung der Grundaufgabe wird dann durch die Aufforderung eingebracht, ein Rückschlagspiel mit mehreren Teilnehmern (Mannschaftsspiel) durchzuführen.

Durchführung der Modellstunde

Aufgabenbeschreibung	Methodische und organisatorische Hinweise
Aufwärmphase und Gewöhnung an die Spielmaterialien) (ca. 14 Minuten)	
Freies Spielen mit verschiedenen Spielgeräten	Als Grundausstattung sollen folgende Materialien vorhanden sein: Federballschläger, Speckbrett-Tennis mit Holz- und/oder Plastikschläger, Indiaca, Indiaca-Tennis, Family-Tennis, evtl. Tischtennis, Bälle verschiedener Größe und aus verschiedenen Materialien; besonders auch Softbälle. Die Anzahl der Spielgeräte des gleichen Typs sollte 1/3 der Gesamtschülerzahl nicht übersteigen (Notwendigkeit von Absprachen!) Der Lehrer beobachtet die Spielformen, die Nutzungshäufigkeit verschiedener Geräte und die Beteiligung insgesamt.
Gesprächsphase über die bisherigen Bewegungserfahrungen (ca. 7 Min.)	
Einbringen der Beobachtungen in der Aufwärmphase; z.B. einseitige Nutzung der Geräte, Schüler finden keine Spielpartner, Schüler können sich nicht einigen, manche Schüler spielen überhaupt nicht, es spielen nur Mädchen mit Mädchen und Jungen mit Jungen usw. Problematisierung und Suchen nach Lösungsmöglichkeiten.	Nicht oder wenig benutzte Geräte noch einmal herausstellen und Nutzungsmöglichkeiten erfragen bzw. demonstrieren lassen.

Durchführung der Modellstunde

Aufgabenbeschreibung	Methodische und organisatorische Hinweise
Erste Informationen über Schlägerhaltung und situationsgerechte Auswahl von Material (z.B. Weichstoffbälle).	
Spiel- und Übungsphase zur Umsetzung der erkannten Lösungsvorschläge und zum regelgebundenen Spielen (ca. 15 Minuten)	
Spielideen finden, die es ermöglichen, einen Ball für sich allein oder mit einem Partner im Spiel zu halten.	Die Spielmöglichkeiten werden vom Lehrer nicht vorstrukturiert. Die Schüler sollen sich selbständig ihren „Spielplatz" bzw. ihre „Spielmöglichkeit" mit den zur Verfügung stehenden Geräten aufbauen (z.B. Spiel über Zauberschnur und Bänke, Spiel durch Gymnastikreifen und Kastenteile, Spiel gegen die Wand in einen Gymnastikreifen. Lehrer geht auch auf grobe Fehler ein; z.B. falsche Schlägerhaltung, falsche Fußstellung bei Rück- oder Vorhandschlag.
Gesprächsphase zur Auswertung und zur Variation der Aufgabenstellung (ca. 11 Minuten)	
Schüler und Lehrer bringen ihre Beobachtungen zur Spiel- und Übungsphase ein, problematisieren ihre Erfahrungen, diskutieren Veränderungen hinsichtlich der vorangegangenen Spiel- und Übungsphase, treffen Absprachen über Spielgerätewechsel (und Spielplatzwechsel). Lehrer thematisiert die unterschiedlichen Vorer-	Einige der gefundenen Spielideen kurz beschreiben und demonstrieren lassen.

Durchführung der Modellstunde

Aufgabenbeschreibung	Methodische und organisatorische Hinweise
fahrungen der Schüler und die daraus resultierenden Handlungsintentionen sowie -vollzüge. Lehrer geht auf die unterschiedlichen Schlagformen ein (Vor- und Rückhand sowie (Aufschlag).	
Am Ende der Gesprächsphase sollen Vorschläge erarbeitet werden, die ein Rückschlagspiel, das mit mehreren Teilnehmern durchgeführt werden muß und über Hindernisse zustande kommen soll, ermöglichen.	Der Lehrer sollte darauf hinweisen, daß es bei den Spielen nicht auf das Ausspielen ankommt (Miteinander spielen!). Spielgeräte und Spielplätze sollen selbständig gewechselt werden.
Spiel- und Übungsphase mit erweiterter Aufgabenstellung (Mannschaftsspiel) (ca. 18 Minuten)	
Schüler versuchen in Kleingruppen (mindestens 2 Teilnehmer je Mannschaft) Rückschlagspiele zu realisieren. Schüler versuchen in Kleingruppen (mindestens 2 Teilnehmer je Mannschaft) Rückschlagspiele zu realisieren. Hierbei sollen mindestens einmal das Spielgerät und der Spielplatz gewechselt werden.	Kastenteile, Bänke, Reifen, Zauberschnüre usw. werden zur Einrichtung der Spielplätze bereitgestellt. Lehrer verhält sich abwartend, läßt den Schülern Zeit, ihre Situation zu regeln, greift nur dann ein, wenn die Organisation nicht gelingt.

Ergebnisse, Erfahrungen, Übertragbarkeit

Sowohl die Planungsgespräche mit den Schülern wie auch die Vielzahl und Vielfalt der zu den Modellstunden mitgebrachten Spielgeräte zeigten, daß den Schülern der 5. und 6. Klassen sowohl die Rückschlagspiele, wie sie im geregelten Wettkampfsport betrieben werden, als auch die neuen, für den Freizeitsport entwickelten Formen bekannt sind und sie deren hohe Bedeutung für das außerschulische Sporttreiben erkennen. Andererseits konnten wir feststellen, daß intensive Spielerfahrungen kaum vorliegen; nur wenige Schüler konnten wirklich Tennis oder Tischtennis spielen, die Freizeitspiele waren oft nur kurzzeitig einmal erprobt worden.

Gerade diese Diskrepanz zwischen den Kenntnissen über die Spiele und dem praktischen Spielkönnen dürfte ein wesentlicher Grund für das überaus große Interesse gewesen sein, das die Schüler dem Lernbereich der Rückschlagspiele entgegengebracht haben. Durchgehend war eine hohe und intensive Beteiligung an den Aufgaben festzustellen. Die erwarteten und notwendigen Absprachen wurden im Hinblick auf die ersten beiden Teilaufgaben ohne Schwierigkeiten und ohne Konflikte getroffen. Erst beim Übergang zu den Mannschaftsspielen gab es zumeist einige Probleme, da zunächst ein Sturm auf die bekanntesten und beliebtesten Spielmaterialien einsetzte, mit denen die Schüler etwas anzufangen wußten. In kleineren Hallen gab es bisweilen auch Streit um die Größe und Lage des Spielplatzes. Wenn das Finden von Lösungen auch manchmal etwas langwierig war, so zeigte sich doch, daß den Schülern ein selbständiges Aushandeln von Absprachen zugemutet werden kann.

Ergebnisse, Erfahrungen, Übertragbarkeit

Die den Schülern im Verlauf der Modellstunde abverlangte Kreativität im Hinblick auf das Finden von Spielmöglichkeiten konnte nicht immer im erwarteten Maße erzielt werden. Die Schüler griffen zumeist auf bekannte Spielformen zurück; sie suchten z.B. zu einem Schläger den „passenden" Ball, neue Kombinationen (z.B. Softball mit Tischtennisschläger, Tischtennisball mit Federballschläger) wurden selten erprobt. Wenig Phantasie entwickelten sie auch bei der Einrichtung der Spielplätze. Bei den Mannschaftsspielen führten noch fehlende Fähigkeiten in der Genauigkeit des Zuspielens zu Fehlern und damit zu häufigen Spielunterbrechungen. Dadurch ließ die Spielmotivation zuweilen merklich nach.

Als Konsequenz aus diesen Beobachtungen ergibt sich für das methodische Vorgehen der Vorschlag, dem gezielten Lernen von Fertigkeiten und dem Vorführen bestimmter Spielformen am Anfang mehr Raum zu geben, um aufbauend auf diesen Spielerfahrungen dann auch zu Spielvariationen und zum Finden neuer Spielideen anzuregen.

5.5 Leichtathletik (Stafettenlauf)

Didaktische Begründung

Die Leichtathletik ist eine der zentralen Bestandteile des schulischen Sportunterrichts und nimmt einen entsprechend breiten zeitlichen Raum ein. Als traditionelle Einzel- und Wettkampfdisziplin scheint sie auf den ersten Blick nicht sehr viele Möglichkeiten zur Umsetzung der im allgemeinen Teil genannten sozialen Lernziele zu bieten. Angesichts der erwähnten großen Bedeutung der Leichtathletik im Sportunterricht ist jedoch eine intensive Betrachtung der Leichtathletik unter dem Aspekt sozialer Lernziele notwendig und lohnenswert. Eine ganze Reihe von Autoren hat sich in den letzten Jahren dieser Frage angenommen und zu Teilbereichen der Leichtathletik didaktisch-methodische Konzeptionen vorgelegt, die auch soziale Lernziele gezielt berücksichtigen (vgl. z.B. die Schwerpunkthefte „Lauf" 4 (1980) 3 und „Leichtathletik" 6 (1982) 2 der Zeitschrift Sportpädagogik).

In diesem Zusammenhang wollen wir die Idee des Stafettenlaufes vorstellen. Beim Stafettenlauf geht es darum, daß mehrere Personen einen Gegenstand möglichst schnell über eine längere Strecke transportieren. Mit Läufer- oder Reiterstafetten erfolgte z.B. früher die Übermittlung von wichtigen Nachrichten. Der Lehrer weist die Schüler darauf hin, daß es für einen erfolgreichen Stafettenlauf erforderlich ist,

— kooperativ zu handeln,
— das eigene Leistungsvermögen realistisch einzuschätzen,
— eine gute Taktik hinsichtlich der Streckenlänge und der Streckenaufteilung zu entwickeln.
 Der Inhalt Stafettenlauf ist besonders für die Erreichung der von uns formulierten allgemeinen sozialen Lernziele geeignet, da
— er durch die Schaffung einer relativ offenen Handlungsaufgabe den Schülern die Möglichkeit zum eigenständigen kooperativen Planen und sportlichen Handeln läßt,
— das Lösen der Aufgabe nur gemeinsam, d.h. unter dem Aspekt des „Aufeinanderangewiesenseins" möglich ist,
— die Leistung in der Gruppe sowohl von Kooperation und Kommunikation als auch von unterschiedlichen individuellen Faktoren abhängt.

Strukturplanung zum Gesamt-Lernbereich

Einführungsphase (Vorbereitungsphase)
Eine besondere technische Vorbereitung für das Laufen erübrigt sich, den Schülern sollte aber die Technik des Stabwechsels vertraut sein. Der Modellstunde vorausgegangen sein soll ein üblicher Staffellauf (Pendelstaffel oder Rundenstaffel), bei der jeder Schüler die gleiche Laufstrecke laufen mußte, so daß während des gesamten Wettbewerbs ein ständiger Leistungsvergleich möglich war. Der Lehrer soll diese Rahmenbedingungen in einer sich daran anschließenden Reflexionsphase mit den Schülern gemeinsam besprechen und nach Möglichkeiten suchen, das Thema Staffellauf kooperativ und unter Reduzierung des Leistungsvergleichs im Unterricht durchzuführen.

Modellstunde
Entsprechend der Gesamtkonzeption steht am Beginn der Modellstunde eine offene Unterrichtssituation, in der die Schüler sich frei auf der Sport-

anlage bewegen können. In der anschließenden Gesprächsphase verdeutlicht der Lehrer noch einmal die Zielsetzung der Stunde.

Die Hauptaufgabe für die Schüler besteht jetzt darin, die vorgegebene Strecke innerhalb der Gruppe so aufzuteilen, daß die Gesamtstrecke möglichst schnell bewältigt werden kann. Hier ist es notwendig, daß die Schüler in einem Diskussionsprozeß eine Einschätzung der eigenen sowie der Lauffähigkeit der anderen Schüler vornehmen können und sich auf dieser Basis über die Aufteilung der Gesamtstrecke einigen.

Fortführung
Diese Aufgabenstellung kann in späteren Stunden wiederholt werden. Dabei kann in den gleichen Gruppen dieselbe Streckenlänge gelaufen werden, um durch eine andere Aufteilung der Teilstrecken auf die Gruppenmitglieder eine bessere Zeit zu erreichen. Es kann aber auch die Distanz vergrößert werden, um so die konditionelle Belastung der Schüler zu erhöhen und ihre Ausdauerfähigkeit zu verbessern.

Verlaufsplanung der Modellstunde
Unterrichtsziele und Thema
Thema der Modellstunde ist die Durchführung eines Stafettenlaufes. Die Schüler erhalten die Aufgabe, in Gruppen von maximal 5 Schülern eine Strecke von 2500 m auf der Laufbahn des Stadions zurückzulegen. Die Schüler müssen dabei selbständig festlegen, wie die Gesamtstrecke auf die einzelnen Gruppenmitglieder aufgeteilt wird, zur Erleichterung dieser Arbeit erhalten sie ein Arbeitsblatt vom Lehrer. (Arbeitsblatt siehe S. 75)

```
                    ┌─ 300 m          200 m ─┐
                   D│  700 m          600 m  │C
                    
                         Gesamtstrecke = 2500 m
                    
                       400 m           100 m
                    A │ 800 m          500 m │ B
                    
                    Start│              │Ziel
```

Streckenplan der Gruppe: **Nr.:**

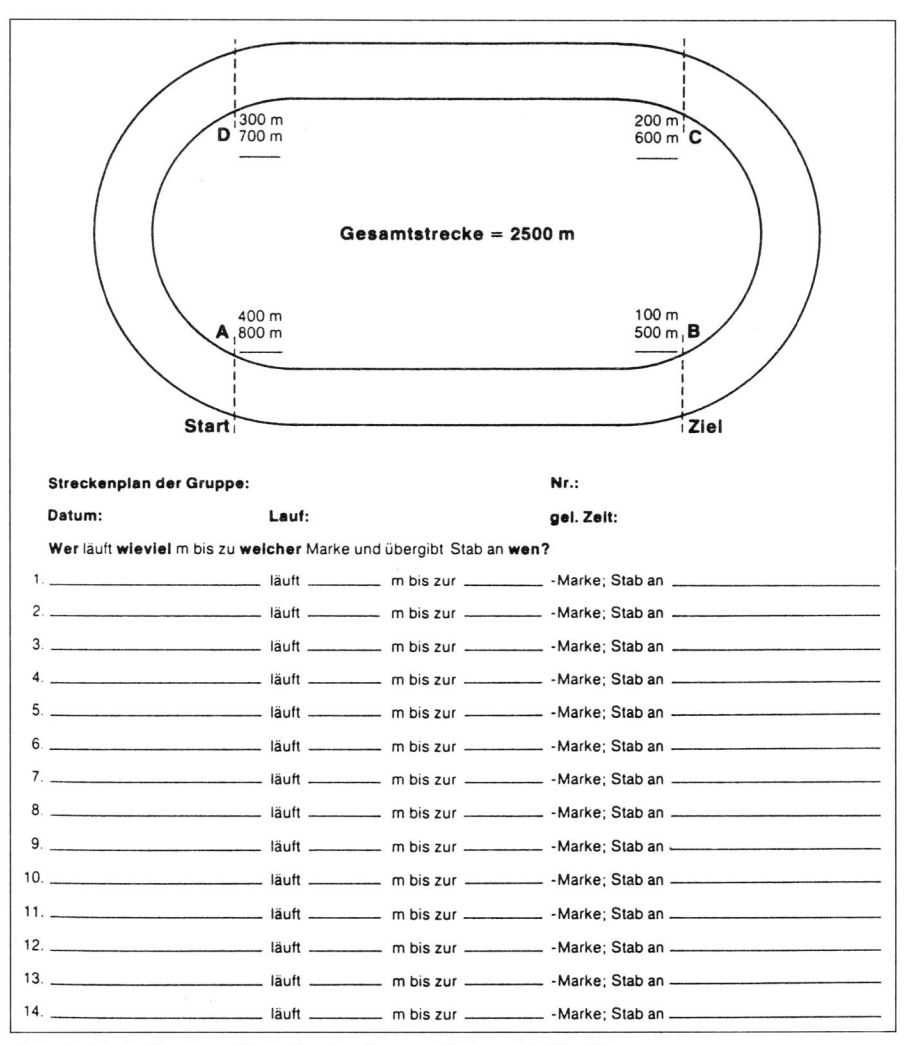

Datum: **Lauf:**   **gel. Zeit:**

Wer läuft **wieviel** m bis zu **welcher** Marke und übergibt Stab an **wen?**

1. _____ läuft _____ m bis zur _____ -Marke; Stab an _____
2. _____ läuft _____ m bis zur _____ -Marke; Stab an _____
3. _____ läuft _____ m bis zur _____ -Marke; Stab an _____
4. _____ läuft _____ m bis zur _____ -Marke; Stab an _____
5. _____ läuft _____ m bis zur _____ -Marke; Stab an _____
6. _____ läuft _____ m bis zur _____ -Marke; Stab an _____
7. _____ läuft _____ m bis zur _____ -Marke; Stab an _____
8. _____ läuft _____ m bis zur _____ -Marke; Stab an _____
9. _____ läuft _____ m bis zur _____ -Marke; Stab an _____
10. _____ läuft _____ m bis zur _____ -Marke; Stab an _____
11. _____ läuft _____ m bis zur _____ -Marke; Stab an _____
12. _____ läuft _____ m bis zur _____ -Marke; Stab an _____
13. _____ läuft _____ m bis zur _____ -Marke; Stab an _____
14. _____ läuft _____ m bis zur _____ -Marke; Stab an _____

Arbeitsblatt für den Stafettenlauf aus: Weber 1979, 49

Durch diese Unterrichtssituationen sollen vor allem folgende Ziele erreicht werden:

im *sozialen Bereich*

— ungleiche individuelle Möglichkeiten und Bedingungen wahrnehmen (schwache/starke Schüler; Mädchen/Jungen usw.),

— trotz des unterschiedlichen „Könnens" andere mitmachen zu lassen und hierbei die eigene Leistungsfähigkeit und -bereitschaft sowie die

der anderen Gruppenmitglieder richtig einschätzen und auf die sich daraus ergebenden Perspektiven hinweisen lernen,
— Kompromisse eingehen lernen;
— entscheiden, wer läuft am besten welche Strecke, wie oft und in welcher Reihenfolge.

im *sportmotorischen Bereich*
— Entwickeln der Ausdauerleistungsfähigkeit,
— Festigen der Technik beim Stabwechsel.

In der zweiten Modellstunde, in der die Schüler in den gleichen Gruppen zusammenbleiben, sollen sie versuchen, durch eine Verbesserung des Streckenplanes eine bessere Laufzeit zu erzielen und dabei die Erfahrungen aus dem ersten Stafettenlauf mit zu berücksichtigen.

Durchführung der 1. Modellstunde

Aufgabenbeschreibung	Methodische und organisatorische Hinweise
Tobephase (ca. 7 Minuten)	
Freies Bewegen auf der Sportanlage	Als Möglichkeit zum Aufwärmen bietet sich auch das „Sechstagerennen" an. Dabei bilden jeweils 2 Schüler eine Mannschaft, die eine bestimmte Anzahl von Runden auf einem Rundkurs zurücklegen muß. Der Wechsel innerhalb der Mannschaft wird von den Schülern selbst bestimmt.
Gesprächsphase (ca. 5 Min.)	
Der Lehrer sollte - anknüpfend an das Gespräch in der vergangenen Stunde - die Zielsetzung und Aufgabenstellung dieser Stunde noch einmal besprechen. Nach der Gruppenbildung (Gruppengrößen maximal 5 Schüler), die nicht in freier und selbständiger Zuordnung erfolgen soll, verteilt der Lehrer die Arbeitsblätter (s. Vorl.), auf denen jede Gruppe einen Streckenplan zu erstellen hat.	Der Lehrer soll noch einmal die Notwendigkeit kooperativen Handelns und der Einschätzung der eigenen Leistungsfähigkeit und der der anderen Schüler betonen. Gleichzeitig sollen Hinweise gegeben werden, welche Kriterien bei der Einschätzung der Leistungsfähigkeit von Bedeutung sind.

Durchführung der 1. Modellstunde	
Aufgabenbeschreibung	Methodische und organisatorische Hinweise

Planungsphase (ca. 10 Min.)	
Die einzelnen Gruppen erarbeiten jeweils für sich, wie die Laufstrecke von 2500 m auf die einzelnen Gruppenmitglieder aufgeteilt werden soll und wo die Wechsel stattfinden.	Der Lehrer geht von Gruppe zu Gruppe und gibt Hilfen und Anregungen.
Gezielte Aufwärmprogramme (ca. 10 Minuten)	
Die Schüler laufen sich in den Kleingruppen noch einmal als Vorbereitung für den Stafettenlauf warm.	
Stafettenlauf (ca. 17 Min.)	
Die Schüler gehen zum Start bzw. zu ihren ersten Wechselpunkten; auf Kommando des Lehrers beginnt der Stafettenlauf.	Der Lehrer beobachtet die Durchführung der Stafette hinsichtlich — Wettkampf- und Konkurrenzorientierung, — Beteiligungsgrad der einzelnen Schüler, — Leistungsbereitschaft, — Diskriminierung, — taktischer Vorgehensweisen, — erreichter Zeit.
Gesprächsphase (ca. 10 Minuten)	
Thematisieren der Beobachtungen des Lehrers und der Erfahrungen, die von den Schülern mit dem Stafettenlauf gemacht wurden.	Gegebenenfalls Perspektiven erarbeiten für einen zweiten Stafettenlauf in der nächsten Stunde.

Durchführung der 2. Modellstunde

Aufgabenbeschreibung	Methodische und organisatorische Hinweise
Gesprächsphase (ca. 5 Minuten) Schüler und Lehrer fassen kurz die Ergebnisse der Gesprächsphase der letzten Stunde zusammen und nennen die Kriterien, an denen sich die Planung für die Streckenaufteilung beim Stafettenlauf zu orientieren hat.	
Planungsphase (ca. 10 Min.) Ausgehend von der Zusammenfassung in der Gesprächsphase erstellen die Schüler in den gleichen Gruppen wie in der vorigen Stunde einen Streckenplan über die gleiche Distanz mit dem Ziel, die eigene Gruppenleistung zu verbessern.	Der Lehrer geht dabei von Gruppe zu Gruppe und versucht, einen Eindruck von den Gruppendiskussionen zu gewinnen.
Gezieltes Aufwärmen (ca. 5 Minuten) Die Schüler laufen sich in den Kleingruppen warm als Vorbereitung auf den Stafettenlauf.	
Stafettenlauf (ca. 17 Min.)	Der Lehrer beobachtet die Durchführung der Stafette und achtet insbesondere auf Veränderungen gegenüber dem Stafettenlauf der vorigen Stunde.
Gesprächsphase (ca. 5 Minuten) Festlegen, ob in späteren Stunden das Thema nochmals aufgegriffen werden soll.	Darstellung der Gruppenergebnisse (Verbesserung oder Verschlechterung), Suche nach Ursachen. Welche Möglichkeiten für eine weitere Optimierung werden gesehen?

5.6 Gerätturnen
Didaktische Begründung
Gerätturnen ist eine traditionelle Schulsportart, die zu den Grundlagen jedes Sportcurriculums gehört. Aus Schülersicht ist das Gerätturnen nicht unbedingt als ausgesprochen beliebte Sportart zu bezeichnen, vor allem, weil es in seiner traditionellen Form nur von wenigen Schülern so beherrscht wird, daß es ihnen Spaß macht. Dazu kommt, daß aufgrund von Sicherheitsbestimmungen viele Lehrer Organisationsformen wählen, bei denen die Schüler in langen Reihen an einem Gerät anstehen und darauf warten, einmal - gesichert vom Lehrer - eine mehr oder weniger attraktive Übung auszuführen. Man muß fragen, wie man das Turnen im Unterricht so gestalten kann, daß es attraktiver wird und vor allem auch noch dazu beiträgt, die Schüler füreinander zu sensibilisieren.

Wenn jeder eine Übung allein macht, muß man sich höchstens mit den Mitschülern hinsichtlich der Gerätbenutzung abstimmen, und - wenn es vom Lehrer eingeführt und verantwortet wird - Sicherheits- oder Hilfestellung geben. Lautet die Aufgabe aber, mit einem Partner eine Übungs-(folge) synchron einzuüben, so bekommt das „Miteinander" einen anderen Stellenwert. Wenn die Schüler schon grundlegende Fertigkeiten erworben haben, so können sie sich gemeinsam eine „Kürübung" zusammenstellen. Da außerdem meist einige Kinder über Turnvereins- oder Spielplatzerfahrungen verfügen, kann man von einem hinreichend großen Repertoire ausgehen, das es ihnen gestattet, attraktive Übungen - die vielleicht mehr mit Hindernisturnen als mit traditionellem Gerätturnen zu tun haben, zusammenzustellen. Um allen Paarungen gute Realisierungschancen zu geben, geht es weniger darum, die schwierigsten „Kunststückchen" zu zeigen, sondern vielmehr darum, um wirkliche Harmonie zwischen den Partnern bemüht zu sein.

Macht man aus der Individualsportart Gerätturnen eine „Paar-" oder auch „Gruppensportart", läßt man Inhalte zu, die die Nähe zum traditionellen Gerätturnen nur noch erahnen lassen und organisiert man den Unterricht so, daß die Stunde nicht mit „Anstehen", sondern häufigem Üben mit dem Partner vergeht, so können die Schüler selbst in dieser - auf den ersten Blick vielleicht nicht sonderlich geeigneten Sportart - den gewünschten sozialen Lernzielen näherkommen.

Strukturplanung zum Gesamt-Lernbereich
Einführungsphase
Der Modellstunde, die über zwei Unterrichtseinheiten angelegt ist, soll eine Unterrichtssequenz Gerätturnen vorausgegangen sein, in der sportartspezifische Voraussetzungen wie Hängen, Stützen, Schwingen, Drehen und

Rollen an konkreten Inhalten in variablen Situationen (z.B. Hindernisturnen oder methodische Übungsreihe) erlernt und geübt worden sind. Natürlich ist es für die Modellstunde von Vorteil, wenn eine Einführung nicht ausschließlich nach dem Muster „der Lehrer macht etwas vor, die Schüler machen es nach" erfolgt, sondern gemeinsames Erarbeiten der Übungen etwa in Gruppenarbeit geschieht.

Gemeinsame und soweit möglich selbständige Organisation des Geräteaufbaus sollte bereits erprobt sein. Der Aspekt des Sicherns und Helfens sollte angesprochen worden sein, denn es unterstützt Fortschritte im sozialen Lernzielbereich, wenn man lernt, sich auch aufeinander und nicht allein auf den Lehrer verlassen zu können.

Modellstunde „Synchron-Übung"
Die Aufgabenstellung lautet, zu zweit eine Übung aus mindestens vier Elementen zusammenzustellen und so miteinander zu üben, daß sie synchron ausgeführt werden kann. Dazu müssen sich die Schüler möglichst gut in den anderen hineinversetzen und seine Perspektive erkennen. Damit die Notwendigkeit gegeben ist, sich mit unterschiedlichem Leistungsvermögen auseinanderzusetzen, sollen möglichst *heterogene Paare* gebildet werden. Eine solche Gruppierung birgt einerseits zwar eine Menge Kon-

„Synchron-Turnen"

fliktstoff, schafft andererseits aber auch von uns gewünschte Lerngelegenheiten. Wichtig ist es, den Schülern deutlich zu machen, daß sie auch ganz einfache Übungsformen auswählen können, weil es letztlich nicht auf die Schwierigkeit der „Kür" ankommt, sondern darauf, wie übereinstimmend sie geturnt wird. Damit nimmt man auch dem angesprochenen möglichen Konflikt den Zündstoff. Der Lehrer sollte darauf achten, daß die Paare weder zu einfache noch zu schwierige Übungsfolgen zusammenstellen. Sie sollten im günstigsten Fall genau den Schwierigkeitsgrad beinhalten, den der schwächere Partner mit Unterstützung des leistungsstärkeren Partners in der vorgegebenen Zeit bewältigen kann.

Welche Geräte die Schüler zur Verfügung haben, müssen sie mit dem Lehrer und den Mitschülern absprechen. Je nach den Vorerfahrungen und den motorischen Lernzielen für diese Unterrichtseinheit, kann der Lehrer auch nur ein Gerät vorgeben. Vor allem für jüngere Schüler hat sich die Möglichkeit, einen Parcours zusammenzustellen, jedoch als ausgesprochen attraktiv erwiesen.

Fortführung
Da die Modellstunde am Schluß einer entsprechenden Unterrichtseinheit Gerätturnen stehen soll, ist eine direkte Fortführung nicht geplant. Bei Interesse der Schüler können sie sich mit ihrem Partner an den Übungen der Mitschülerpaarungen versuchen, oder sie können die Aufgabe mit neuen Paarungen oder neuen Geräten noch einmal wiederholen. Ansonsten bietet sich diese Aufgabenstellung immer dann wieder an, wenn die Schüler ihr Repertoire wieder erweitert haben und sich der Synchron-Aufgabe mit noch mehr Übungsmöglichkeiten widmen können.

Verlaufsplanung der Modellstunden
Unterrichtsziele und Thema
Neben den in der allgemeinen Zielperspektive genannten sozialen Lernzielen soll es bei der Aufgabe „Synchron-Übung" darum gehen:
— ungleiche Beteiligung bzw. unterschiedliche motorische Leistungsfähigkeit und ihre Bedingungen zu erkennen und zu berücksichtigen,
— Bereitschaft bei den Leistungsstärkeren zu wecken, die Überlegenheit der eigenen gerätspezifischen motorischen Fähigkeiten und Fertigkeiten dem Partner als Lernhilfen zur Verfügung zu stellen,
— Bereitschaft bei den Schwächeren zu wecken, diese Lernhilfen auch anzunehmen,
— bekannte gerätspezifische Bewegungsmöglichkeiten und Fertigkeiten in ihrer Grundstruktur zu üben, sie im Sinne von Leistungssteigerung (Übungsveränderung, Übungssteigerung) zu variieren (besonders im Teil 2 der Modellstunde) und sie zu einer Übungsverbindung entweder an einem Gerät oder an einer Gerätebahn zu kombinieren,

— den organisatorischen Rahmen so zu besprechen, daß alle Paare zur gleichen Zeit sinnvoll, d.h. ungestört durch andere Paare arbeiten können.

Die Aufgabe „Synchron-Übung" ist für eine Sportstunde zu komplex. Deshalb planen wir zwei Sportstunden für dieses Thema. In der ersten Stunde sollen die Schüler Gelegenheit haben, die Aufgabe gemeinsam zu lösen; in der 2. Stunde sollen sie die Übung festigen und dann gegebenenfalls demonstrieren.

Durchführung der 1. Modellstunde

Aufgabenbeschreibung	Methodische und organisatorische Hinweise
Aufwärmphase (ca. 10 Min.)	
Synchrongymnastik (bewegt zunächst nur die Hände, bewegt nur einzelne Körperteile usw. oder geht und hüpft zusammen vorwärts, rückwärts, u.ä.).	Paarweise (möglichst mit häufigen Wechseln) oder in kleinen Gruppen üben. Übungen zum Aufwärmen bzw. freies Bewegen sollten den Schülern vertraut sein.
Gesprächsphase (ca. 10 Minuten)	
Anknüpfend an die Inhalte der vorausgegangenen Stunden und die Erfahrungen im Aufwärmteil erläutert der Lehrer den Schülern die Aufgabe „Synchron-Übung". Folgende Aspekte sollen geklärt werden: — Zusammenstellung von heterogenen Paaren (sinnvoll, damit der Könnens- und Wissensvorsprung als Lernhilfe zum Tragen kommt, — Absprache zwischen Lehrer und Schülern über die Auswahl von Geräten (welche Einzelgeräte bzw. Gerätebahnen), — Organisation (räumlich) für die nachfolgende Übungsphase.	Gruppen-/Paarbildung
Übungsphase (ca. 30 Minuten)	
Nach entsprechender Organisation des Geräteparcours partnerschaft-	Da Schwierigkeiten, Probleme und Konflikte weitgehend partnerbezo-

Durchführung der 1. Modellstunde

Aufgabenbeschreibung	Methodische und organisatorische Hinweise
liches (paarweises) Erproben von Übungsverbindungen in synchroner Ausführung.	gen sind, soll der Lehrer schwerpunktmäßig den Paaren helfen, bei denen sich die Aktivität in Ratlosigkeit und Desinteresse erschöpft, unangemessene Schwierigkeitsgrade gewählt werden oder bei denen das „Miteinander" nicht recht klappt.
Gesprächsphase (ca. 10 Min.) Aufgetretene Schwierigkeiten von allgemeinem Interesse sollen dargestellt und in bezug auf ihre Ursachen diskutiert werden.	

Durchführung der 2. Modellstunde

Aufgabenbeschreibung	Methodische und organisatorische Hinweise
Aufwärmphase (ca. 10 Min.) Spiegel oder Schattentanz (sich paarweise so bewegen, als ob man sich im Spiegel betrachtet, oder einen Schatten hat bzw. ein Schatten ist).	Die Paare „stimmen sich ein", möglichst unter Zuhilfenahme von Musik.
Übungsphase (ca. 40 Min.) Nach Geräteaufbau, Wiederholung der erarbeiteten Übungen, im Anschluß daran Vorführung der Übungen.	Welche Form bei der Vorführung gewählt wird, ob alle jeweils einem anderen Paar zuschauen, oder ob Gruppen zusammenarbeiten, die ihre Übungen einander vorzeigen oder ob nur besonders gelungene, d.h. gut übereinstimmende Übungen ausgewählt werden, soll der Lehrer mit den Schülern absprechen.

Durchführung der 2. Modellstunde

Aufgabenbeschreibung	Methodische und organisatorische Hinweise
Gesprächsphase (ca. 10 Min.) Die Schüler berichten über ihre Erfahrungen. Der Lehrer stellt die Leistungen heraus, bei denen Schüler von sehr unterschiedlicher Leistungsstärke eine kreative und übereinstimmende Leistung erbracht haben.	

Ergebnisse, Erfahrungen, Übertragbarkeit

Die Schüler der 5. und 6. Klassen, mit denen wir zunächst diese Unterrichtsidee erprobt haben, waren mit großem Eifer bei der Aufgabe. Vor allem in der ersten Modellstunde gab es in der Regel keinerlei Motivationsprobleme.

Es kam gelegentlich vor, daß Paare schon nach 10 Minuten „fertig" waren, und auch, daß sie nach einer Stunde ihre Kür noch nicht stehen hatten. Dann mußte der Lehrer intervenieren und mit den Schülern das zu niedrige bzw. zu hohe Anspruchsniveau und damit die Übungsauswahl besprechen. Natürlich stand die Übereinstimmung beider Partner im Vordergrund, aber die Auswahl der Übungen sollte im Rahmen ihrer Möglichkeiten so gewählt werden, daß ein Übungsprozeß notwendig und gleichzeitig realistisch ist. Hierzu benötigten einige Schüler - verständlicherweise - die Hilfe des Lehrers.

Sowohl an nur einem Gerät als auch an Gerätebahnen wurden gute Übungen zusammengestellt. So turnten Paare ausschließlich am Boden, Reck oder Barren, während andere Schüler eine Übungsfolge an Tauen, Turnbänken und Bock überlegten. Fast immer erfolgte in der zweiten Stunde auf Wunsch der Schüler eine Vorführung ihrer Synchron-Übungen, die mit großem Beifall begleitet wurden. Die Resultate waren auch fast immer hervorragend.

5.7 Rollschuhlauf
Didaktische Begründung des Inhalts
Rollschuhlaufen ist keine der traditionellen Schulsportarten; die Entwicklung des Rollschuhlaufens fand vielmehr völlig losgelöst vom Schulsport statt. Früher war Rollschuhlaufen eine Sportart, die von Kindern unorganisiert auf Straßen und Plätzen betrieben wurde; durch die zunehmende Verkehrsdichte haben diese Orte inzwischen jedoch ihre Bedeutung als Stätten für die Ausübung des Rollschuhlaufens fast völlig verloren. Das Rollschuhlaufen verschwand somit aus den Augen der Öffentlichkeit und wurde fast ausschließlich in Vereinen auf entsprechend präparierten Anlagen betrieben. Eine unerwartete Renaissance hat das Rollschuhlaufen jedoch in den letzten Jahren erfahren: Nach der Skateboardwelle kamen die Rollerskates auf den Markt, initiiert durch wirtschaftliche Interessen, gefördert durch Film und Fernsehen und nicht zuletzt begünstigt durch den Trend zu verkehrsberuhigten Zonen. Auf Straßen und Plätzen sah man die Jugendlichen jetzt wieder Rollschuhlaufen; vielerorts schossen Rollschuhdiskotheken aus dem Boden. Diese Welle, die ihren Ursprung eindeutig im kommerziellen und nicht im Bereich des Schul- und Vereinssports hatte, hat auch dazu geführt, daß Rollschuhlaufen als Möglichkeit für den Schulsport wieder in das Blickfeld vieler Lehrer kam. Es bot sich hier die Möglichkeit, die Freizeitinteressen der Kinder und Jugendlichen aufzugreifen und davon ausgehend einen Unterricht zu gestalten, bei dem es für den Lehrer leicht möglich ist, aus seiner traditionellen Lehrerrolle herauszutreten, da die sportbezogene Kompetenz der Schüler in vielen Fällen über der des Lehrers liegen wird. Selbständigkeit und Ideenreichtum der Schüler sind bei diesem Inhalt ebenfalls kein Problem.

Rollschuhlaufen kann unter verschiedenen Schwerpunkten betrieben werden:
— Als Lauf über unterschiedlich lange Strecken mit dem Ziel, möglichst wenig Zeit für die Strecke zu benötigen.
— Die verschiedensten Spiele können mit Rollschuhen gespielt werden, am bekanntesten - und auch wettkampfmäßig betrieben - ist Rollhockey. Aber auch Handball, Basketball, Tennis, Badminton etc. können mit Rollschuhen gespielt werden.
— Rollkunstlauf, einzeln oder mit Partner oder in der Gruppe; auch die Rollschuhdisco ist hier einzuordnen.

Sieht man diese Aufstellung der verschiedenen Schwerpunkte, unter denen Rollschuhlauf betrieben werden kann, so fällt die Ähnlichkeit mit dem Eislauf auf. Die gleichen Formen sind auch dort möglich, denn der Rollschuhlauf hat sich aus dem Eislauf entwickelt, da man so auch im Sommer die Sportformen, die im Winter mit Kufen auf dem Eis möglich waren, auf Rollen ausüben konnte.

Sofern die organisatorischen Voraussetzungen gegeben sind, können somit die von uns konzipierten Inhalte für das Rollschuhlaufen modifiziert auch auf den Bereich Eislauf in der Schule angewendet werden.

Strukturplanung zum Gesamt-Lernbereich

Einführungsphase
Die im Rahmen des Lernbereiches „Rollschuhlauf" vorgesehene Modellstunde setzt voraus, daß die Schüler die Rollschuhtechnik (vorwärts laufen, stoppen, Kurven fahren, übersetzen) in der Grobform bereits beherrschen. Je nach Könnensstand der Schüler sollten somit eine oder zwei Stunden zur Schulung der rollschuhlaufspezifischen Technik vorausgegangen sein.

Modellstunde
Nachdem den Schülern die Grundformen der Rollschuhtechnik in den vorangehenden Stunden vermittelt worden sind, geht es in der Modellstunde darum, daß die Schüler selbständig Übungs- und Spielstationen erfinden und aufbauen, an denen die Technik angewandt bzw. verbessert werden kann. Dabei sollen die Schüler darauf achten, daß die Aufgaben Spaß machen und möglichst von allen Schülern lösbar sind.

Fortführung
Eine Fortführung des Inhalts Rollschuhlauf ist in späteren Stunden ohne Probleme möglich. Zum einen bietet sich an, die Modellstunde mit neuen und schwierigeren Übungs- und Spielformen erneut durchzuführen, zum anderen kann auch eine gezielte Schulung in den zu Beginn genannten Bereichen erfolgen.

Verlaufsplanung der Modellstunden

Unterrichtsziele und Themen
Die Modellstunde „Rollschuhlauf" besitzt zwei Schwerpunkte: Zum einen soll eine relativ offene Handlungssituation unter bestimmten Zielvorstellungen von den Schülern weitgehend selbständig gestaltet und durchgeführt werden. Zum anderen sollen die Schüler Erwartungen und Interessen ihrer Mitschüler wahrnehmen, sich damit auseinandersetzen, die eigenen Intentionen einbringen und somit zu einem gemeinsamen sportlichen Handeln gelangen.

Im einzelnen sollen die Schüler:

Im *motorischen Bereich*
— ein ihnen bekanntes Spiel mit Rollschuhen durchführen,
— die Techniken des Rollschuhlaufs schulen und verbessern.

Im *sozialen Bereich*
— ihre Interessen in das gemeinsame Handeln einer Kleingruppe einbringen,

— gemeinsam in der Gruppe eine Übungs- oder Spielstation entwerfen, die Spaß macht und deren Bewältigung gewisse Anforderungen stellt,
— bei auftretenden Konflikten und Schwierigkeiten (z.B. bei der Materialbenutzung, durch ungeschickte Konstruktion der Aufgabe, durch zu große Leistungsunterschiede usw.) diese selbständig lösen und korrigieren,
— Anregungen des Lehrers als Hilfe verstehen und auf die eigenen Bedürfnisse und Ziele abstimmen,
— erfahren, daß durch die Änderung von Aufgabenstellungen oder Regeln Mißerfolge vermieden und die Freude an einer Übung gesteigert werden können.

Durchführung der Modellstunde

Aufgabenbeschreibung	Methodische und organisatorische Hinweise
Aufwärmphase (ca. 10 Min.)	
Ein den Schülern bekanntes Spiel aus dem Bereich der kleinen Spiele wird mit Rollschuhen durchgeführt (z.B. Fangen, Kettenfangen, Plumpsack, Hase und Jäger.	Für die Durchführung des Rollschuhlaufs benötigt man eine dafür geeignete Fläche von mindestens 50 x 30 m (Parkplatz oder Schulhof). Nach unseren Erfahrungen stellt es kein Problem dar, daß die Schüler die erforderliche Anzahl von Rollschuhen mitbringen; in manchen Familien wird es mehrere Paare geben, so daß Rollschuhe an Schüler, die keine besitzen, verliehen werden können. Wenn der Inhalt Rollschuhlauf jedoch regelmäßig im Rahmen des Schulsports angeboten werden soll, empfiehlt es sich, daß die Schule einige Paare anschafft. Folgende Kleingeräte werden benötigt: Seile, Markierungshütchen, Keulen, Reifen, Gymnastikstäbe, Hockeyspiel, Stoppuhr, Kreide, verschiedene Bälle.

Durchführung der Modellstunde

Aufgabenbeschreibung	Methodische und organisatorische Hinweise
Gesprächsphase (ca. 10 Minuten) Die Aufgabenstellung, verschiedene Übungs- und Spielstationen zu erfinden und aufzubauen und die entsprechenden Regeln und Anforderungen festzulegen, wird mit den Schülern besprochen. Die Schüler sollen bei der Gestaltung der Stationen darauf achten, daß die Aufgaben — Spaß machen, — einen gewissen Schwierigkeitsgrad besitzen, gleichzeitig aber allen Gruppenmitgliedern eine befriedigende Teilnahme möglich ist.	Bei Klassen, die sich durch einen hohen Grad an Selbständigkeit auszeichnen, reicht es normalerweise aus, unter Hinweis auf die zur Verfügung stehenden Geräte von den Schülern einige Möglichkeiten für Stationen nennen zu lassen. Bei Klassen, in denen diese Fähigkeiten noch nicht entsprechend entwickelt sind, ist es nötig, daß der Lehrer eventuell schriftliche Vorgaben zum Aufbau einzelner Stationen (Beispiele siehe unten) macht.
Aufbau- und Übungsphase (ca. 20 Minuten) Die Schüler überlegen sich in Kleingruppen von 4 - 8 Teilnehmern selbständig einzelne Stationen und bauen diese auf.	Der Lehrer wechselt beobachtend und beratend von Gruppe zu Gruppe. Er soll sich dabei aus den Diskussionsprozessen der Gruppen soweit wie möglich heraushalten, aber überall dort helfend eingreifen, wo die Schüler die Probleme nicht aus eigener Kraft bewältigen können. Im Sinne unserer Maßnahmen soll dabei weitgehend ein nichtdirektives Lehrerverhalten gezeigt werden (anregen, auf Probleme hinweisen, Fragen stellen, ermuntern), fertige Handlungsanweisungen sollten vermieden werden.
Zusammenfassendes Gespräch und Stationenwechsel (je nach zeitlicher Möglichkeit)	

Durchführung der Modellstunde

Aufgabenbeschreibung	Methodische und organisatorische Hinweise
In einer Gesprächsphase für die gesamte Klasse stellen die Schüler die von ihrer Gruppe aufgebaute Station vor, entstandene Probleme werden besprochen und Lösungswege beispielhaft aufgezeigt. Danach wechselt jede Gruppe zur folgenden Station. Die Zahl weiterer Wechselmöglichkeiten richten sich nach der zur Verfügung stehenden Zeit.	Beispiele für Stationen: 1. Figuren laufen: Die Schüler zeichnen mit Kreide eine Strecke mit verschiedenen Figuren auf (Achter, Schlangenlinien, Kurven usw.). Problem: Die Linien werden oft zu eng und zu schwierig gezeichnet, so daß kein flüssiges Laufen mehr möglich ist. 2. Geschicklichkeitsparcours mit Keulen: Eine einfache oder doppelte Keulenreihe muß ohne Berührung durchlaufen werden. 3. Hindernisparcours mit Seilen und Hindernissen. 4. Schnellaufstrecke: Eine gerade oder einfache Hindernisstrecke wird nach Zeit durchlaufen. Die Zeitnahme und der Start werden von den Schülern übernommen. 5. Hockeyspiel.

5.8 Circuittraining

Didaktische Begründung

In eigentlich jedem Sportunterricht gibt es von Zeit zu Zeit ein Circuittraining, bei dem die Schüler meist individuell mehrere gymnastische Aufgaben an verschiedenen Stationen möglichst oft in vorgegebener Zeit realisieren müssen. Dabei steht eine Belastung der Arm-, Schulter-, Bein-, Bauch- und Rückenmuskulatur mit dem Ziel einer Verbesserung der allgemeinen und speziellen Kondition (Fitness) im Vordergrund. Zur Überprüfung und zum eigenen Leistungsvergleich werden mindestens zwei Durchgänge des Circuits geplant.

Neben einer Verbesserung psychischer Leistungsgrundlagen kann man ein Circuittraining aber auch gezielt zu einer Verbesserung des sozialen Geschehens einsetzen. Hierzu werden nicht - wie gewohnt -

Individualaufgaben gestellt, sondern Gruppenaufgaben, und aus einem traditionellen Circuittraining wird zum Beispiel ein „Dreiercircuit". Die Grundlage zu dieser Unterrichtsidee stammt von KESSELMANN (1978, 1982).

Es werden für einen Dreiercircuit Stationen aufgebaut, die nur von drei Schülern gemeinsam gelöst werden können. So müssen drei Schüler beispielsweise zur Verbesserung der Kondition und Kräftigung der Beinmuskulatur drei Stäbe im Dreieck aufrecht am Boden halten, ohne daß sie umfallen, und gleichzeitig um die Stäbe herumlaufen. Das erfordert Absprache - beispielsweise ein gemeinsames Kommando zum Loslaufen -, Rücksicht auf den schwächsten Teilnehmer und ein gutes Einstellen auf die Partner (Perspektivenwechsel).

Durch eine einfache Änderung der Organisation kann so neben der physischen Verbesserung auch eine Förderung im sozialen Lernzielbereich angestrebt werden.

Strukturplanung zum Gesamt-Lernbereich

Da ein Circuit in der Regel immer nur einen Teil einer Unterrichtsstunde ausmacht, werden wir nicht wie in den übrigen Beispielen eine Unterrichtseinheit bzw. eine Modellstunde beschreiben, sondern für eine Unterrichtsphase einige Ideen für Gruppenaufgaben nennen, die dann zu einem „Dreiercircuit" zusammengestellt werden können. Das Circuittraining läuft dann in üblicher Art und Weise ab (siehe hierzu JONATH 1985). Natürlich sind auch Aufgabenstellungen für zwei oder vier Schüler möglich.

Nach einer einmaligen Vorgabe durch den Lehrer, die die Schüler zum Kennenlernen entsprechender Aufgabenstellungen benötigen, ist eine Fortführung möglich, bei der die Schüler sich selbst die verschiedenen Stationen ausdenken.

Verlauf der Modellphasen

Unterrichtsziele und Thema

Da die Schüler im Dreiercircuit intensiv miteinander beschäftigt sind, ist es sicher hilfreich, wenn sie das Prinzip eines Kreistrainings, also den systematischen Wechsel von Belastung und Erholung an verschiedenen Übungsstationen, schon als individuelle Aufgabe kennengelernt haben. Zunächst sollte also - je nach den Vorerfahrungen - ein traditionelles Circuittraining in einer Stunde durchgeführt werden. In der folgenden Stunde wird dann ein Dreiercircuit durchgeführt. Die Schüler sollen im *sozialen* Bereich folgendes lernen:

— Unterschiedliche Leistungsvoraussetzungen bei den Gruppenmitgliedern zu erkennen und bei der Gestaltung der Aufgabe zu berücksichti-

gen (in unserem Stabbeispiel bedeutet das, die Entfernung der Stäbe voneinander so zu wählen, daß auch der schwächste Schüler der Gruppe rechtzeitig beim nächsten Stab ankommt, ehe dieser umfällt),
— trotz unterschiedlicher Leistungsvoraussetzungen befriedigend miteinander zu arbeiten,
— nach ersten Erfahrungen mit vorgegebenen Stationen auch selbst welche zu überlegen, die von allen bewältigt werden können (eine Station erfüllt nur dann dieses Kriterium, wenn in jeder Phase der Übung alle Gruppenmitglieder beteiligt sind).

Im *motorischen* und *kognitiven* Bereich sollen die Schüler lernen:
— ihre konditionellen Fähigkeiten zu verbessern (bei ungeübten Schülern beginnt man mit 60 sec. Belastung/40 sec. Pause pro Station und steigert langsam die Belastungsphase; insgesamt sollte die Dauer eines Circuits zwischen 10 und 30 min. liegen, je nach Leistungsstand (vgl. JONATH 1985),
— die Funktion verschiedener Aufgaben im Hinblick auf die Beanspruchung des Körpers zu erkennen.

Stationsbeispiele
Alle Aufgaben haben eine Verbesserung der allgemeinen Kondition und der Koordination zum Ziel. Die genaue Wirkung der einzelnen Übungen ist jeweils genannt. Bei der Zusammenstellung des Circuits sollte darauf geachtet werden, daß ein häufiger Wechsel in der Beanspruchung des Körpers geschieht (vgl. WITZEL/UNGERER-RÖHRICH 1986, 65).

1. Drei Schüler stehen im Dreieck mit etwa einem Meter Abstand zueinander. Sie haben je einen Gymnastikstab vor sich auf dem Boden aufgestellt. Die Aufgabe besteht darin, von Stab zu Stab zu laufen, ohne daß ein Stab umfällt. Wichtig ist, den Abstand der Stäbe voneinander so zu wählen, daß der Langsamste der Gruppe den nächsten Stab immer noch „gerade" vor dem Umfallen erreicht. Belastung der Beinmuskulatur.

2. Drei Schüler liegen so auf dem Bauch, daß sie sich anschauen. Jeder hat einen Medizinball in den Händen. Der Ball muß so weit wie möglich nach rechts gelegt werden. Dann wird der Rumpf nach links gedreht und der dort vom Nachbarn abgelegte Medizinball aufgenommen, wieder rechts abgelegt usw. Belastung der Rückenmuskulatur.

3. Zwei Schüler liegen knapp einen Meter auseinander auf dem Boden und zwar so, daß der dritte Schüler mit Hocksprüngen seitwärts über die beiden springen kann. Anschließend legt er sich in entsprechendem Abstand hin, der erste Schüler steht auf und springt über die beiden Liegenden usw. Belastung der Beinmuskulatur.

4. Zwei Matten werden im Abstand von etwa drei Metern längs auf den Boden gelegt. Zwei Schüler (A und B) liegen auf den Matten. A hat einen Ball (Gymnastikball) in den Händen. Er rollt (oder wirft) den Ball dem Partner B auf der anderen Matte zu, steht schnell auf und läuft dem Ball nach. Der dritte Schüler (C) legt sich auf die freie Matte und fängt den Ball von B. A hat den Platz von B eingenommen, fängt den Ball von C, währenddessen läuft B zum Platz von C usw. Belastung der Bein-, Arm- und Rückenmuskulatur.

5. Zwei Schüler A und B heben eine Turnbank so hoch, daß der dritte Schüler C darunter durchlaufen kann. Anschließend löst C den Schüler A an der Bank ab, dieser läuft unter der von B und C hochgehobenen Bank hindurch und löst nun B ab usw. Belastung der Arm- und Beinmuskulatur.

6. Zwei Schüler stellen sich als „Böcke" auf. Der dritte Schüler springt über die beiden und stellt sich selbst in entsprechendem Abstand als „Bock" auf. Der hintere Schüler springt nun über seine Partner usw. Belastung der Arm- und Beinmuskulatur.

7. Drei Schüler liegen an einer Bank und haben die Füße unter die Bank geklemmt. A und B liegen auf einer Seite jeweils am Ende der Bank, C liegt auf der anderen Seite in Bankmitte. A und C haben einen Ball (kleinen Medizinball) in Händen. Alle richten sich gleichzeitig auf. Dann wirft A seinen Ball zu C, und C seinen Ball zu B; alle legen sich wieder hin usw. Belastung der Bauch- und Schultergürtelmuskulatur.

Weitere Übungsbeispiele für einen Dreiercircuit finden sich bei KESSELMANN (a.a.O.) und können aus verschiedenen bekannten Circuitübungen entwickelt werden.

Durchführung der Modellphase

Aufgabenbeschreibung	Methodische und organisatorische Hinweise
Gesprächs- und Vorbereitungsphase (ca. 10 Minuten)	
Lehrer erklärt den „Dreiercircuit" und bildet Übungsgruppen. Anhand von Übungskarten werden die Stationen aufgebaut. Anschliessend erfolgt ein Probedurchgang.	Zur Bildung der Übungsgruppen siehe „Gruppenarbeit". Je nach Inhalt des Circuits wird eine Aufwärmphase eingefügt.
Übungsphase (ca. Min.)	
Die Übungsgruppen absolvieren den Circuit zweimal.	Je nach körperlichem Zustand der Schüler wird die Belastungs-/Erho-

Durchführung der Modellphase

Aufgabenbeschreibung	Methodische und organisatorische Hinweise
Nach jedem Durchgang wird der Puls gemessen.	lungszeit gewählt (etwa 60:40 sec.).
Gesprächsphase (ca. 8 Min.) Erfahrungen werden ausgetauscht, Schwierigkeiten in den Gruppen von allgemeinem Interesse werden besprochen, und es werden Lösungen gesucht.	

Ergebnisse, Erfahrungen, Übertragbarkeit

Der Dreiercircuit hat bei allen Gruppen, mit denen wir ihn erprobt haben, großen Anklang gefunden. Schwierigkeiten gab es teilweise mit dem Pulsmessen bei den 10- bis 12-jährigen Schülern. Selbst nach entsprechender Einweisung und Probemessen klappte es nicht problemlos, und es kamen die „erstaunlichsten" Ergebnisse zutage.

Alle Gruppen haben mit großem Eifer neue Stationen erfunden. Teilweise konnten die „Zirkusstückchen" aber nur von der Gruppe selbst realisiert werden. Wirklich einfache Übungen wurden selten erfunden. Nur wenn den Schülern auch in anderen Stunden - etwa beim Aufwärmen - immer wieder deutlich gemacht wurde, welche Funktion die einzelnen Übungen haben, konnten sie auch die Wirkungen ihrer neuen Übung richtig angeben, bzw. gezielte Vorgaben erfüllen. Bei weniger Erfahrung klappte dies aber nicht.

Wenn mit dem Circuittraining eine ganz gezielte Schulung verbunden sein soll, beispielsweise die Vorbereitung auf das Thema im Hauptteil, sollte der Lehrer vor allem bei jüngeren Schülern die Stationen allein planen. Wenn eher eine allgemeine Konditionsschulung durchgeführt werden soll, können die Ideen von Schülergruppen problemloser aufgegriffen werden. Zur Planung durch die Schüler empfiehlt es sich außerdem, in Gruppenarbeit, etwa am Ende einer Stunde, Zeit für die „Erfindung" einer Station zu geben und die Schüler dann zu bitten - nach entsprechender Vorgabe - ihre Station zur nächsten Stunde zu beschreiben (Arbeitskarte). Allein ein Probedurchgang hat manchmal nicht ausgereicht, um sich alle Stationen - ohne schriftlich fixierte Hilfen - zu merken. Und dann gab es verständlicherweise Durcheinander.

5.9 Orientierungslauf

Didaktische Begründung

Beim Orientierungslauf (OL) werden mit Hilfe einer topographischen Karte im Gelände markierte Punkte (OL-Posten) auf selbstgewähltem Weg aufgesucht. Die Standorte der Posten sind in der Karte eingetragen. Zum Beweis, daß die Posten angelaufen wurden, sind die Kontrollmarkierungen an den Posten (Stempel, Lochzangen oder Codebuchstaben) auf der Laufkarte oder einer gesonderten Kontrollkarte zu markieren.

Der OL bietet gute Möglichkeiten zur Förderung unserer sozialen Lernziele. Die Begründung dafür ist zum einen in der grundlegenden Aufgabe des selbständigen Planens und Findens von Laufwegen zu sehen, die den Teilnehmern relativ große Entscheidungsspielräume läßt. Zum anderen ergeben sich aufgrund der wechselseitigen Abhängigkeit der Strukturkomponenten Laufen und Orientieren leichter Kompensationsmöglichkeiten von Defiziten, die mehr Schülern Erfolgschancen versprechen und eine ausgeglichenere Leistungsbereitschaft bewirken können. Ein dritter Begründungszusammenhang ergibt sich dadurch, daß ein konkurrenzorientierter Leistungsvergleich beim OL eher im Hintergrund bleibt. Die Leistung wird hier ohne unmittelbaren Gegnerkontakt und ohne Beobachtung durch andere Teilnehmer oder Zuschauer erbracht. Das Erfolgserlebnis ist stärker am Finden der Posten als an der gemessenen Laufzeit orientiert. Manch ein Lehrer hat in dieser Hinsicht schon unliebsame Erfahrungen gemacht, wenn Schüler vorgegebene Maximalzeiten weit überschreiten, nur um alle Posten zu stempeln.

Diese Erfahrung zeigt auch, daß die Orientierungsaufgaben von der mit dem OL verbundenen Ausdauerbelastung ablenken, so daß die Schüler oft gar nicht merken, wie lange und wie weit sie gelaufen sind. OL ist daher auch ein geeignetes Mittel, um jüngere Schüler und besonders Schülerinnen, die oft nur unwillig Dauerläufe machen wollen, zur Ausdauerleistung zu motivieren und diese wichtige motorische Grundeigenschaft zu fördern. Im OL sind gute Voraussetzungen gegeben, Lernziele der motorischen und der sozialen Dimension zugleich zu verfolgen.

Strukturplanung zum Gesamt-Lernbereich

Einführungsphase (Vorbereitungsphase)
Der im Rahmen dieser Modellstunde geplante „aufgeteilte Mannschafts-OL" setzt bei den Schülern grundlegende Kenntnisse und Fertigkeiten im OL voraus, die in einer mindestens 2 UE (1 UE = 1 Doppelstunde) umfassenden Einführungsphase vermittelt werden sollen. Es geht vor allem um die Entwicklung eines grundlegenden Kartenverständnisses, von Fertigkeiten in der Entfernungs- und Richtungsbestimmung sowie um Fertigkeiten

in der Routenplanung. Der Lehrer sollte dabei auf besonders im Schulsport erprobte Methodenkonzepte zurückgreifen, die selbst von denen, die in dieser Sportart wenig Erfahrung haben, leicht umgesetzt werden können (HARTMANN, H./E. GRUHN 1982; HOLLOWAY, W. et al. 1983). Diese Konzepte führen auf ganzheitlichem Weg in die Sportart ein und ermöglichen den Schülern ein großes Maß an Selbsttätigkeit und Selbständigkeit bei Partner- und Gruppenaufgaben. Sie unterstützen somit von Anfang an die sozialen Lernziele.

Es wird vorgeschlagen, in der 1. Unterrichtseinheit über einen Hallen-OL und einen Postennetz-OL im Schulgelände die Grundidee des OL zu vermitteln. In der zweiten Unterrichtseinheit sollten durch einen Stern-OL (mit Postensetzübungen) in dem für die Modellstunde vorgesehenen Gelände und mit der dort benutzten Karte die Orientierungsfertigkeiten weiterentwickelt werden.

In der ersten Unterrichtseinheit der Einführungsphase steht zunächst das Vermitteln der Orientierungsfertigkeiten im Mittelpunkt des Unterrichts, ohne daß aber auch hierbei auf eine gewisse Laufleistung verzichtet wird. Mit dem Stern-OL im Gelände (2. UE) bekommt das Laufen dann stärkere Bedeutung für die Aufgabenlösung. In beiden Unterrichtseinheiten aber kann der Schüler bereits die wechselseitige Kompensierbarkeit der Lauf- und Orientierungskomponente erfahren; Schwächen beim Laufen können durch sicheres Orientieren ausgeglichen werden und umgekehrt. Das ist eine wichtige Erkenntnis und Erfahrung für die mit der Modellstunde verbundenen sozialen Lernziele.

Modellstunde „Aufgeteilter Mannschafts-OL"
Die Grundidee dieser Übungsform besteht darin, daß eine Mannschaft alle im Gelände markierten Posten in möglichst kurzer Zeit findet; dazu bedarf es einer sinnvollen Aufteilung der Laufwege auf die einzelnen Mannschaftsmitglieder. Den guten und sicheren Orientierer wird man schwierigere Postenstandorte anlaufen lassen, dem guten Läufer überläßt man weiter entfernt liegende oder mehrere Posten. Es kommt also darauf an, die eigene Leistungsfähigkeit und die der anderen Mannschaftsmitglieder unter den Gesichtspunkten Ausdauer- und Orientierungsfähigkeit richtig einzuschätzen, um dann angemessene Aufgaben vorzuschlagen, zu diskutieren und zu akzeptieren. Jede Mannschaft muß, insbesondere in dieser frühen Lernphase, vor dem Start ausreichend Zeit erhalten, um die Aufgabenverteilung in Ruhe vorzunehmen. Durch die Verpflichtung zum gemeinsamen Anlaufen einiger Sammelposten und zum Warten, bis alle Mannschaftsmitglieder eingetroffen sind, wird die Möglichkeit geschaffen, vorherige Absprachen zu korrigieren. Nach dem Lauf sollten die Mannschaften zunächst je für sich und später insgesamt genügend Zeit haben, um ihre Erfahrungen auszutauschen.

Wo geht's weiter

Fortführung
Ein Einführungslehrgang in den Orientierungslauf umfaßt insgesamt ca. 6 UE von je 1 Doppelstunde (vgl. HARTMANN/GRUHN 1982), wobei nach der ganzheitlichen Vermittlung am Anfang in den folgenden UE vermehrt einzelne Grundfertigkeiten der Orientierung gezielt geschult werden. Mit fortschreitender Beherrschung der einzelnen Orientierungsfertigkeiten wird dann auch eine anspruchsvollere Bahnlegung bei den verschiedenen komplexen Wettbewerbsformen möglich (u.a. durch schwieriger zu orientierende und zu belaufende Teilstrecken, weniger markante Postenstandorte, vermehrte Routenwahlprobleme, detailreicheres Gelände). Die in der Modellstunde erprobte Form des aufgeteilten Mannschafts-OL ist auch späterhin - selbst bei fortgeschrittenen OL-Läufern - bei einer entsprechenden Schwierigkeitssteigerung in der Bahnlegung eine interessante und trainingswirksame Aufgabe. Sie sollte daher von Zeit zu Zeit wiederholt werden, nicht zuletzt auch um die eingeleiteten sozialen Lernprozesse weiterhin zu verstärken.

Verlaufsplanung der Modellstunde

Unterrichtsziele und Thema
Die Schüler sollen lernen, die beim OL notwendigen Fähigkeiten bei sich selbst und den anderen Partnern richtig einzuschätzen, um zu einer opti-

malen Lösung der gemeinsam zu bewältigenden Aufgabe zu kommen, eine OL-Bahn möglichst schnell abzulaufen. Dieses Ziel soll durch folgende Aufgabe erreicht werden:

In Mannschaften von je 3 - 4 Schülern wird eine OL-Bahn mit ca. 10 - 12 Posten und einer Länge von ca. 3 km durchlaufen. Jede Mannschaft kann die anzulaufenden Posten unter sich aufteilen, muß sich jedoch an bestimmten, besonders gekennzeichneten Posten (Doppelkreis in der Karte) zwischendurch wieder sammeln. Gewertet wird die Zeit des zuletzt ins Ziel kommenden Läufers jeder Mannschaft.

„unterwegs . . ."

Durch diese Unterrichtssituation sollen besonders folgende konkrete Ziele erreicht werden:

im *sozialen Bereich*
— Die Erkenntnis fördern, daß auch motorisch Schwächere im Sportunterricht bei bestimmten Aufgaben (mit kognitiven Anteilen) ansprechende Leistungen erbringen können, um dadurch bei den Schwächeren Bereitschaft zum Mitmachen zu wecken und um bei den sonst Stärkeren die Bereitschaft zu wecken, Abseitsstehende als Partner zu akzeptieren.

- Die Leistungsfähigkeit der Partner (und die eigene) unter verschiedenen Gesichtspunkten (Ausdauerfähigkeit und Orientierungsvermögen) wahrzunehmen und im Hinblick auf die Schwierigkeit der Aufgabe einschätzen lernen.
- Angemessene Aufgaben vorschlagen, diskutieren und akzeptieren.

im *sportmotorischen* und im *kognitiven Bereich*
- Erlernen der Orientierungsfertigkeiten mit Hilfe einer topographischen Karte unter motorischer Beanspruchung.
- Entwicklung der Ausdauerleistungfähigkeit.

Durchführung der Modellstunde

Aufgabenbeschreibung	Methodische und organisatorische Hinweise
Erläuterungen der Aufgabenstellung in einem Unterrichtsgespräch	
Die auf der Karte eingezeichnete OL-Bahn soll von jeder Mannschaft (3 - 4 Schüler) möglichst schnell durchlaufen werden (Beispiele siehe unten). Die einzelnen Posten können dabei aufgeteilt werden, jedoch müssen die mit einem Doppelkreis gekennzeichneten Posten von jedem Mannschaftsmitglied aufgesucht werden. Die Mannschaft darf erst wieder von einem Sammelpunkt loslaufen, wenn alle Mannschaftsmitglieder eingetroffen sind.	Die Laufkarten werden den Schülern noch vor der Aufgabenbeschreibung ausgehändigt. Der Lehrer gibt anhand der Karte ein Beispiel für eine sinnvolle Aufgabenverteilung. Er sollte besonders darauf hinweisen, daß es auf die gemeinsame Lösung ankommt, daß auch beim Verfehlen eines Postens Hilfe vom nächsten Sammelpunkt her zu holen ist.
Selbständige Planungsentscheidung der Schüler	
Die Schüler planen innerhalb der Mannschaften ihre Routen.	In bezug auf die sportmotorische Leistungsfähigkeit möglichst heterogene Mannschaften bilden: Genügend Zeit für Absprachen lassen (ca. 5 - 7 Minuten).
Praktische Erprobung	
Durchführung des aufgeteilten Mannschafts-OL	Startabstand der Mannschaften 2 oder 3 Minuten; mindestens am 1.

Durchführung der Modellstunde

Aufgabenbeschreibung	Methodische und organisatorische Hinweise
	Sammelposten eine Person zur Kontrolle einsetzen.
Auswertung der Erfahrungen Der Lehrer fragt nacheinander die ins Ziel kommenden Mannschaften nach ihren Erlebnissen und Erfahrungen. Anschließend thematisiert er mit der gesamten Klasse besonders die mit der Aufgabe verbundenen sozialen Lernziele.	

Posten-nummer	Postenbeschreibung	Kontrollbuchstabe
(1)	Am Hochsitz	
(2)	Große Buche	
(3)	An der Hütte	
((A))	Am Sumpf	
(4)	Große Buche	
(5)	Hütte	
(6)	Bestandsecke	
(7)	Bestandsecke	
((B))	Im Wegdreieck	
(8)	Quelle am Bach	
(9)	An der Hütte	
(10)	Fuß der Felswand	
(11)	Zaunecke	
(12)	In Zeltform aufgestellte Holzstangen	
((C))	Im Wegdreieck	
(13)	Wiesenecke	
(14)	Im Wegdreieck	
(15)	Am Metallzaun	
Ziel		

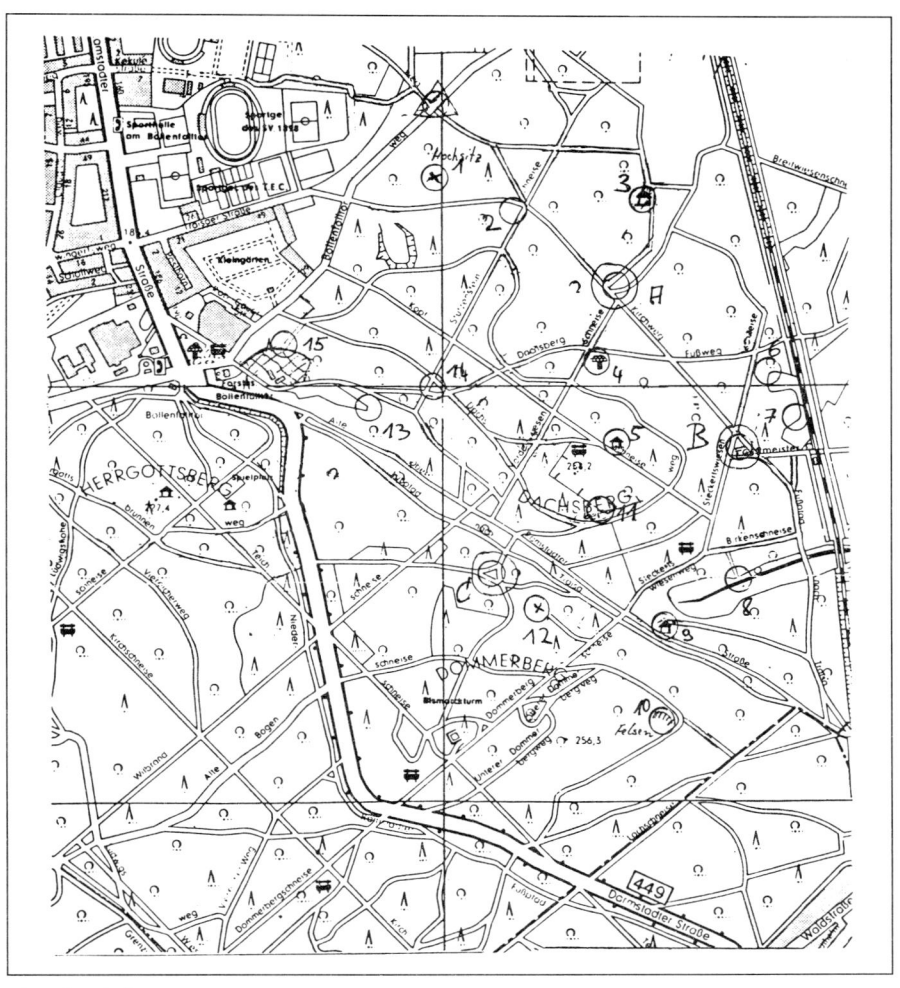

„Laufkarte"

Ergebnisse, Erfahrungen, Übertragbarkeit

Die Erprobung der Unterrichtsidee „aufgeteilter Mannschafts-OL" in gemischt geschlechtlichen 5. und 6. Klassen zeigt, daß bereits Schüler dieser Altersstufe in der Lage sind, eine so komplexe Aufgabe ohne größere Probleme zu lösen, vorausgesetzt Gelände, Karte und Bahnlegung sind auf das Können der Anfänger abgestimmt. Der Lehrer benötigt einige Erfahrung in dieser Hinsicht, oder er muß sich anhand der Literatur sorgfältig vorbereiten, um die entsprechenden Entscheidungen treffen zu können.

Das von den Schülern fast einhellig gezeigte Engagement deutet darauf hin, daß von der Aufgabe ein großer Reiz ausgeht. Es war allerdings auch zu beobachten, daß viele Mädchen sich zunächst etwas ängstlich zeigten. Der Lehrer sollte daher auf eine Verteilung der Ängstlichen über mehrere Mannschaften und eine entsprechende Teilgruppenbildung innerhalb jeder Mannschaft einwirken. Auch ein paar beruhigende Hinweise, wie man sich beim Verlaufen wieder auffangen kann (u.a. zurück zum nächsten noch sicheren Punkt, Anlaufen von Auffanglinien, direkt zum nächsten Sammelpunkt), helfen, Ängste abzubauen.

Wenn auch die Lösung der eigentlichen Orientierungsaufgabe ohne größere Schwierigkeiten sofort gelingt, so kommt es aber beim ersten Versuch mit dieser Aufgabe noch häufig zu unrealistischen Einschätzungen des Leistungsvermögens und falschen Routenzuschreibungen. Da mutet sich ein Schüler zu viele Posten und eine zu lange Teilstrecke zu, die anderen müssen auf ihn am Sammel punkt lange warten, und er selbst ist völlig ausgepumpt. Ein anderes Schülerpaar, das um einen einfachen Posten gebeten hatte, weil es sich noch sehr unsicher im Orientieren fühlte, sitzt nun gelangweilt am Sammelposten, weil es die Aufgabe sehr schnell gelöst hat.

Für die soziale Zielsetzung sind diese „Fehler" aber sekundär, da es vor allem darauf ankommt, daß die Schüler sich überhaupt bemühen, die Perspektive der anderen zu erkennen und zu verarbeiten. Je häufiger diese Aufgabe später wiederholt wird und je weiter auch die Leistungsfähigkeit im OL entwickelt ist, desto realistischer und genauer können dann auch die Routen von den Schülern geplant werden.

Die hier als Modellstunde vorgestellte Unterrichtsidee des aufgeteilten Mannschafts-OL für Anfänger läßt sich unter Erschwerung der orientierungsmäßigen und läuferischen Anforderungen ohne weiteres auf höhere Alters- und Leistungsstufen übertragen. Ein deutlicher Beweis dafür ist, daß diese Form auch im Wettkampfsport Anwendung findet.

6. Lehrertraining: Anregungen für die Arbeit am eigenen Verhalten

Es ist ein wichtiger, aber noch nicht ausreichender Schritt, sich über soziale Lernziele und hilfreiche Verhaltensweisen und Maßnahmen des Lehrers zu informieren, denn das Wissen allein kann nur bedingt zu Veränderungen im persönlichen Verhalten führen. Die Teilnahme an einer Trainingsgruppe, bei der unter Anleitung verschiedene Aspekte des Verhaltens bearbeitet werden, kann wohl am ehesten entsprechende Impulse zu einer Verhaltensänderung geben. Da dies aber nur den wenigsten Lehrern möglich sein wird und sicher auch nur von einigen überhaupt gewünscht wird, wollen wir versuchen, sowohl für die Arbeit am eigenen Verhalten unabhängig von Kollegen und Ausbildern/Trainern als auch für gemeinsame Bemühungen von Lehrergruppen Hilfen für die Umsetzung unserer Konzeption zu geben.

Im folgenden wollen wir näher auf die notwendige Qualifikation des Lehrers eingehen sowie Tips und Anregungen für das eigene Training geben.

6.1 Anforderungen an den Lehrer

Über welche Voraussetzungen sollte ein Lehrer verfügen, der unsere Unterrichtskonzeption langfristig mit Erfolg einsetzen will?

Soweit möglich sollte der Lehrer natürlich über genau die Qualifikationen verfügen, die er bei seinen Schülern verbessern möchte. Denn jeder Lehrer sollte von seinen Schülern in der Regel nur solche Verhaltensweisen erwarten, die er auch selbst zeigt. Fragt man sich, möglichst selbstkritisch, wie es denn mit dem eigenen sozialen Verhalten aussieht, so wird man vielleicht feststellen müssen, daß man auch diverse Probleme in diesen Bereichen hat. Es müßte eigentlich einleuchten, daß ein Lehrer, der selbst wenig sensibel für die Perspektiven seiner Schüler ist, auch Schwierigkeiten haben dürfte, dies bei den Schülern zu fördern. Wenn er selten etwas über sich mitteilt, dies vielleicht sogar für überflüssig hält, kann er - selbst wenn er seine Schüler entsprechend ermuntern sollte -, wohl kaum langfristig mit diesem Verhalten bei ihnen rechnen. Man zeigt in einer Interaktion mit einem mehr oder weniger verschlossenen Interaktionspartner auch selbst zunehmend weniger Offenheit, denn es verunsichert, wenn man immer nur etwas von sich preisgibt, aber keine entsprechende Offenheit wiedererfährt. Wer hier einwenden mag, die Schüler wüßten sowieso, was der Lehrer wolle, oder wie er gelaunt sei, ebenso daß sich Schülerwünsche meist nicht realisieren ließen, dem wollen wir widersprechen. Natürlich weiß der Schüler, welche Erwartungen der Lehrer hat, wenn es um Entscheidungen geht, die durch Konferenzbeschlüsse o.ä. festgelegt sind. Gibt der Lehrer aber darüber hinaus seine persönliche Einstellung zu einer (notwendigen) Maßnahme wieder, können die Schüler lernen, mehr Verständnis für ihn zu haben. So kann die Mitteilung eines Lehrers, er müsse leider Noten geben, halte selbst aber sehr wenig von dieser Art der Beurteilung, den Schülern deutlich machen, daß ein Lehrer manchmal Dinge tun muß, die er nicht mag. Auch für den Lehrer selbst ist in diesem Fall Offenheit wichtig, sie hilft ihm bei der Balance zwischen eigenen Vorstellungen und den Erwartungen anderer.

Im folgenden geben wir Beispiele für Rollen-/Perspektivenübernahme, Rollendistanz, Ambiguitätstoleranz und Identitätsdarstellung, die diese Qualifikationen für den Leser verdeutlichen sollen. Die Zuordnung von Lehreräußerungen zu einzelnen Qualifikationen ist akzentuierend zu verstehen, denn nur ein Zusammenspiel aller Fähigkeiten kann zu dem letztlich gewünschten Verhalten führen.

Bei den Fähigkeiten Rollen-/Perspektivenübernahme, Rollendistanz und Ambiguitätstoleranz geht es im Gegensatz zur Identitätsdarstellung primär darum, sich mit den Erwartungen der Interaktionspartner auseinanderzusetzen, die diese - sei es verbal oder nonverbal - in eine Interaktion einbringen. In der Regel verfügt ein Erwachsener über alle notwendigen sozialkognitiven Voraussetzungen zur Rollen-/Perspektivenübernahme. Für einen Lehrer kann es also nur darum gehen, den Einsatz zu verbessern. Die folgenden Beispiele zur *Rollen-/Perspektivenübernahme* und *Rollendistanz* sollen verdeutlichen, wie wir uns einen entsprechenden Einsatz vorstellen.

Paraphrasieren
Der Lehrer greift eine Schüleräußerung auf, um ihnen das Gefühl zu geben, angenommen und verstanden zu werden:
— Die Schüler wollen endlich mal wieder Fußball spielen. „Ihr möchtet endlich mal wieder Fußball spielen".
— Zwei Schüler kommen zum Lehrer und beklagen sich, die anderen würden sie nicht mitspielen lassen. „Ihr würdet auch gerne mitspielen".
— Die Kinder haben Noten bekommen. Peter ist mit seiner Note überhaupt nicht zufrieden. „Du bist mit deiner Note gar nicht zufrieden".

Verbalisieren, reflektieren oder Verständnis für Schülerperspektiven zeigen
— Gabi meldet sich schon eine ganze Weile. „Die Gabi möchte schon lange etwas sagen. Jetzt bist du dran."
— Die Schüler toben durch die Halle, sie haben ein Klassenspiel gegen die andere Klasse gewonnen. „Ihr seid ja richtig ausgelassen, weil ihr gewonnen habt."

- Ein Kind ist vom Gerät gefallen und hat sich offensichtlich weh getan, aber nicht schlimm verletzt. „Du hast dich beim Sturz sicher sehr erschreckt, aber bist noch gut zur Seite abgerollt und hast dir deshalb nicht schlimm wehgetan."
- Der Lehrer gibt die Noten bekannt. „Es ist genau die Note geworden, die du dir gewünscht hast."

Verbalisieren von Gefühlen
- Die Schüler beklagen sich, daß der Lehrer immer nur den Mädchen helfe, den Buben nie. „Ihr möchtet, daß ich mich mehr um euch kümmere, ihr fühlt euch benachteiligt."
- Ein Schüler freut sich, daß er von einer guten Mannschaft ins Tor gestellt worden ist. „Du freust dich, daß endlich mal jemand dein Können anerkannt hat."
- Der Lehrer hat den Schülern die Zeugnisnoten gesagt. „Du bist ganz traurig, daß du keine bessere Note bekommen hast, überleg mal . . ."
- Ein Schüler ist sehr unzufrieden. „Ich finde das eigentlich ganz gut, wenn du unzufrieden bist, daß du das dann sagst, daß man darüber reden kann."

Verbalisieren von Sachverhalten und damit verbundenen Wünschen, Erwartungen und Gefühlen
- Einige Schüler haben sich den Barren aufgebaut und schicken einen Schüler weg, der gerne mitmachen wollte. „Ihr möchtet nicht, daß der Peter noch bei euch mitmacht. Ihr habt Bedenken, daß er eure gute Gruppenarbeit stören könnte."
- Einige Schüler haben in der letzten Stunde weniger lange spielen können als die Mitschüler. Jetzt machen sie den Lehrer darauf aufmerksam. „Ah, ja gut, ihr seid das letzte Mal weniger dran gewesen, da fändet ihr das ungerecht, wenn wir das heute wieder genauso machen würden."
- Verschiedene Gruppen haben Schüler als Trainer bekommen. Ein Trainer beklagt seine „dumme" Schülerin. „Ja, wenn sie es noch nicht kann, dann mußt du es noch mit ihr üben, auch wenn du keine große Lust mehr hast. Aber stell dir mal vor, du wärst an ihrer Stelle . . ."

Verbalisieren und Reflektieren von Schülerperspektiven, aber kein Akzeptieren
- Die Schüler haben einem Mitspieler eine Position zugewiesen, auf der er kaum eine Chance hat, je ins Spielgeschehen integriert zu werden. „Ihr habt den Hans ganz schön kaltgestellt, damit er euch nicht ins Hintertreffen bringen kann, ich verstehe zwar, daß ihr gerne gewinnen wollt, aber um jeden Preis darf das eigentlich nicht sein."

— Die Schüler haben schon eine Weile miteinander geredet. Ein Schüler, der schon viel gesagt hat, meldet sich wieder zu Wort. „Ich kann zwar verstehen, daß du noch etwas darauf sagen möchtest, aber das geht nicht, alle anderen werden zu Recht ungeduldig, wenn sie sich nicht endlich wieder bewegen können."
— Ein Schüler ist mit seiner Note nicht einverstanden. „Du meinst, daß ich deine Leistung falsch eingeschätzt habe. Ich sehe das anders . . ."

Sich für andere einsetzen

— Peter ist von einer Mannschaft auf die Reservebank verwiesen worden und schaut nun schon eine Weile zu. „Der Peter möchte aber doch auch gerne mitspielen."
— Die Schüler haben die Geräte nicht ordentlich weggeräumt. „Die andere Klasse wird nicht gerade begeistert sein, wenn sie nachher eure Sachen erst mal wegräumen muß."
— Die Schüler diskutieren mit dem Lehrer über Spielregeln. „Also ich finde, die Elke hat recht, wenn man einen schlechteren Schüler nicht auch mitspielen läßt, lernt er es erst recht nie".
— Tim macht das Aufwärmen. Einige Kinder haben eine Aufgabe nicht verstanden. „Hört doch mal zu, der Tim will gerade etwas dazu sagen, dann müßt ihr auch zuhören."
— Die Kinder haben sich über eine Mitschülerin geärgert und reden darüber. „Jetzt ist die Gabi wieder angepfiffen worden und darf dazu auch Stellung nehmen."

Rollen-/Perspektivenübernahme benötigt man zum Verständnis der Interaktionspartner; *Ambiguitätstoleranz* wird erst bei den Handlungsstrategien wichtig. Ambiguitätstoleranz beeinflußt Entscheidungen über das eigene Verhalten. Man benötigt sie zwar nur dann, wenn unterschiedliche Erwartungen in einer Interaktion aufeinandertreffen, dies ist aber die Regel. Natürlich ist ein Lehrer stark genug sich durchzusetzen, denn er kann den Schülern seine Erwartungen aufzwingen; er wird dabei aber keine Anerkennung erreichen, denn die Schüler werden nur gezwungenermaßen mit ihm interagieren, wenn ihre Bedürfnisse unberücksichtigt bleiben.

In einer Interaktion kann also auf Dauer kein Partner seine Erwartungen vollständig durchsetzen wollen, er muß auch an der Erhaltung der Identität seiner Partner interessiert sein. Ohne sie gibt es keine (freiwillige) Interaktion und auch keine Befriedigung der eigenen Bedürfnisse. Deshalb sollte auch der Lehrer lernen, daß er die eigenen Vorstellungen, Ziele und Erwartungen an den Unterricht nicht vollständig durchsetzt, sondern Wünsche der Schüler berücksichtigt, auch wenn damit bisweilen Abstriche an den eigenen Vorstellungen verbunden sind. Dies sollte der Lehrer auch positiv sehen können, da es zu jeder Interaktion gehört (vgl. KRAPPMANN 1975,

151). Ambiguitätstoleranz besagt ja gerade, daß man die Interaktion aufrechterhalten kann, auch wenn ständige völlige Bedürfnisbefriedigung versagt bleibt.
Die folgenden Beispiele sollen die *Ambiguitätstoleranz* noch weiter verdeutlichen.

Nachgeben
— Die Schüler haben besonders viel Vergnügen an einem Spiel und möchten es gerne noch weiterspielen. Der Lehrer hat aber - in Absprache mit den Schülern - einen anderen Verlauf der Stunde geplant. „Ich bin eigentlich dagegen, das Programm zu ändern, aber wenn ihr so gerne noch weiterspielen wollt, dann meinetwegen."
— Die nächste Unterrichtseinheit wird abgesprochen und eine Entscheidung ist nach längerer Diskussion gefallen. Da hat ein Schüler „plötzlich" noch eine Idee, die bei den Mitschülern auf große Begeisterung stößt. Der Lehrer will die Planung nicht von vorn beginnen, aber die Schüler bedrängen ihn. „Also, dann von mir aus, wie wollen wir dann jetzt weitermachen?"
— Es wird in Gruppen geübt. In zwei Gruppen gibt es ständig Unstimmigkeiten. Der Lehrer hört sich die Probleme an. „Wir hatten zwar abgesprochen, daß die Gruppen etwas länger zusammenbleiben, aber wenn es so schlecht klappt, könnt ihr einmal untereinander tauschen. Aber es muß eine Ausnahme bleiben."

Sich nicht verweigern
— In einer Mannschaft fehlt ein Spieler. Da die Gegner auch noch besonders gute Spieler haben, bittet die Gruppe den Lehrer, bei ihnen mitzuspielen. „Ich habe heute schon so viel gespielt, daß ich eigentlich nicht begeistert bin; aber gut, ich mache mit."
— Die Schüler kommen aufgebracht aus der vorherigen Stunde zum Sport und wollen beim Sportlehrer ihren Ärger loswerden. „Wenn ihr mit Herrn X. Probleme habt, dann solltet ihr die mit ihm klären und nicht mit mir, wenn es euch aber so wichtig ist, jetzt über den Ärger zu reden, dann höre ich euch zu."
— Die Schüler üben am Boden, während der Lehrer noch Bälle für das abschließende Spiel aufpumpt. Zwei Schüler kommen zu ihm, er soll sich unbedingt etwas anschauen. Eigentlich will er sich nicht stören lassen; da es ihnen aber so wichtig ist, daß er mitkommt, unterbricht er seine Arbeit.

Schüler- bzw. Interaktionspartner nicht „fallenlassen", Kooperation zeigen
— Der Lehrer spricht mit einem Schüler, der immer wieder mit störendem Verhalten auffällt. „Du strapazierst meine Geduld ganz schön, aber laß uns nochmal versuchen zu klären, was los ist."

— Der Lehrer spielt selbst aktiv Handball, und es macht ihm besonders viel Spaß, beim Spiel im Unterricht mitzumachen und mit den guten Spielern einige schwierige Spielzüge auszuprobieren. Einige schwächere Spieler meckern hinter seinem Rücken darüber. „Ich habe eben euren Unmut mitbekommen. Das Spiel hat mir großen Spaß gemacht, aber in der nächsten Stunde werde ich mir für euch Spielzüge ausdenken, die wir dann zusammen ausprobieren können."
— Die Klassen haben in der Pause einen Wettkampf abgesprochen. Sie bitten den Lehrer um sein Einverständnis für das Spiel in der Sportstunde. „Wir hatten ja etwas anderes geplant, aber das Klassenspiel ist eine gute Idee. Ich werde mit dem Kollegen reden, ob er auch einverstanden ist."

Im folgenden geben wir Beispiele für verschiedene Aspekte der *Identitätsdarstellung*.

Einbringen von persönlichen Wünschen und Erwartungen
— In der Klasse ist es sehr laut. „Ich kann nicht noch lauter reden, seid ihr doch etwas ruhiger."
— Der Lehrer hat mit den Schülern den nächsten Lernschritt besprochen. „Ich fände es ganz prima, wenn das jetzt besser klappen würde."
— Ein Schüler stört ständig den Unterricht. „Ich kann nicht mit euch reden, wenn du einen solchen Lärm machst."
— Die Schüler haben einen Vorschlag gemacht. „Das ist genau das, was ich auch gedacht habe und wozu ich auch Lust habe."

Einbringen von Gefühlen und Empfindungen
— „Bei der Hitze heute habe ich genauso wenig Lust, mich intensiv zu bewegen, wie ihr."
— „Ich bin genauso traurig wie ihr, daß wir den Orientierungslauf bei dem Regen ausfallen lassen müssen."
— „Ich bin sehr unzufrieden, daß wir keine andere Lösung gefunden haben."
— Die Schüler haben die Sporthalle nicht ordentlich aufgeräumt verlassen. „Ich habe keine Lust, hier jetzt allein Ordnung zu machen, und ich bin einfach sauer, wenn ihr da nicht schnell mit zupackt."
— „Ich bin sehr enttäuscht, daß ihr euch nicht mehr angestrengt habt."

Persönliche Kommentierung von eigenen Aussagen und Handlungen
— Die Kinder sind sauer, weil der Schüler, der die Zeit nehmen sollte, mit der Stoppuhr nicht zurecht gekommen ist. „Ich habe vergessen, dem Peter zu erklären, wie man mit einer Stoppuhr umgeht, das ist allein mein Fehler gewesen."
— Der Lehrer hat einem Schüler Sanktionen angedroht, falls er weiterhin seine Gruppe so massiv stört. „Ich habe zwar beim letzten Mal ange-

kündigt, daß du nicht mehr mitmachen kannst, wenn du unsere Absprachen nicht einhältst, aber das war meine erste Reaktion, weil ich sehr zornig war. Ich denke, wir sollten noch einmal darüber reden."
— Der Lehrer hat beim Aufwärmen mitgemacht. „Ich bin jetzt aber auch ganz schön kaputt und brauche eine Verschnaufpause."

Verbalisieren von Erwartungen anderer - nicht am Geschehen Beteiligter - an ihn

— Die Schüler fragen den Lehrer, warum sie an den Bundesjugendspielen teilnehmen müssen. „Ich bin mit der Entscheidung auch nicht ganz glücklich, aber wir haben in einer Konferenz festgelegt, daß alle Kinder mitmachen sollen, und daran muß ich mich auch halten."
— Die Schüler möchten wieder spielen. „Wir können nicht schon wieder die ganze Stunde spielen, denn der Lehrplan schreibt mir vor, daß ich auch mit euch turne."
— Die Schüler murren, daß sie statt in der großen Sporthalle heute in der kleinen Gymnastikhalle Unterricht haben. „Die anderen Kinder und ihr Lehrer erwarten wohl zu Recht von uns, daß wir gute und schlechte Bedingungen einigermaßen gleichmäßig verteilen."

6.2 Selbstlernprogramm

Im folgenden werden Aufgaben beschrieben, die je nach den gegebenen Möglichkeiten sowohl zum individuellen Training als auch zum Training in einer Gruppe geeignet sind, und Lehrer in die Lage versetzen sollen, die von uns entwickelte Unterrichtskonzeption zu realisieren. Wie wir im letzten Abschnitt dargestellt haben, ist es wichtig, daß sich auch der Lehrer um die Fähigkeiten bemüht, die er bei seinen Schülern fördern möchte. Deshalb beziehen sich die ersten Aufgaben (1 - 3) auf Rollen-/Perspektivenübernahme, Rollendistanz, Ambiguitätstoleranz und Identitätsdarstellung, ihren Ausprägungsgrad und ihren Einsatz. Zwar geht es uns in diesem ersten Teil vorrangig um den Lehrer und seine entsprechenden Fähigkeiten, aber wenn man für das eigene Verhalten sensibilisiert wird, „profitieren" natürlich auch die Interaktionspartner, und das kann die Familie, das können Freunde oder auch die Schüler sein. Die Aufgaben (4 - 5) zielen dann auf ein Training der förderlichen Maßnahmen hin, die vor allem die Veränderung des Schülerverhaltens betreffen. Während diese Trainingsvorschläge sowohl allein als auch in der Gruppe realisiert werden können, sind die weiteren Übungen in Abschnitt 6.3 dann für die Arbeit in einer Gruppe gedacht.

Die Trainingsvorschläge orientieren sich an den von uns im Rahmen eines Projektes erfolgreich durchgeführten Trainingsmaßnahmen.

Aufgabe 1: Nachdenken über eigenes Verhalten

Überlegen Sie einmal, wie Sie sich hinsichtlich der zu fördernden Qualifikationen Rollen-/Perspektivenübernahme, Rollendistanz, Ambiguitätstoleranz und Identitätsdarstellung selbst einschätzen. Die folgenden Fragen sollen Ihnen bei Ihren Überlegungen helfen.

— Wann haben Sie das letzte Mal in einer Klasse etwas persönliches von sich selbst mitgeteilt (siehe die Beispiele in Abschnitt 6.1)? Wie oft kommt so etwas vor? Wie haben Sie sich dabei gefühlt?

— Sagen Sie manchmal den Schülern über das übliche hinaus, was Sie erwarten oder empfinden, auch wenn es nicht direkt zur Sache gehört?

— Als Sie das letzte Mal einen Schüler bestraft haben, haben Sie sich vorher einmal in seine Lage versetzt? Wenn Sie es in der aktuellen Situation nicht getan haben, versuchen Sie es bitte jetzt im nachhinein.

— Stellen Sie sich je einen Schüler vor, mit dem Sie besonders gut bzw. weniger gut zurecht kommen. Versuchen Sie sich aus der Perspektive dieser beiden Schüler zu beschreiben.

— Lassen Sie noch einmal einige Konflikte und Meinungsverschiedenheiten, die heute in der Schule gelöst werden mußten, gedanklich an sich vorbeiziehen. Wie ist es zu Lösungen und Entscheidungen gekommen, wessen Erwartungen sind „durchgekommen"? Wie oft haben Sie ein Gespräch abgebrochen, wenn Sie selbst betroffen waren, und haben eine Entscheidung gefällt?

Aufgabe 2: Bewußtes Erfahren der Qualifikationen in vertrauter Umgebung

Unsere Konzeption ist zwar im Sportunterricht erprobt, aber so wie es dort wünschenswert ist, die Interaktion zu verbessern, so gilt dies im Grunde für jede andere Interaktion auch. In einer Umgebung, die von Vertrauen und vor allem Personorientierung geprägt ist, wird es jedem leichter fallen, die (vorhandenen) Fähigkeiten auch einzusetzen. Wählen Sie eine entsprechende Umgebung und versuchen Sie, in einer Ihnen wichtigen Interaktion Ihre persönliche Identität darzustellen (vgl. Beispiele in 6.1). Versuchen Sie einmal, ehe Sie auf einen Interaktionspartner reagieren, einen Perspektivenwechsel ganz bewußt zu vollziehen, paraphrasieren Sie Äußerungen des Interaktionspartners und reden Sie über unterschiedliche Erwartungen.

Aufgabe 3: Verbessern der Qualifikationen

(1) *Rollen/Perspektivenübernahme und Rollendistanz*

Sie haben über Ihre Kompetenz nachgedacht und in vertrauter Atmosphäre auf den Einsatz dieser Qualifikation geachtet? Wahrscheinlich haben Sie festgestellt, daß Sie in einigen Situationen dem Interaktionspartner andere Wünsche und Erwartungen unterstellt haben, als er/sie dann tatsächlich gehabt hat. Wie kann man sicher herausfinden, was in dem Interaktionspartner vor sich geht? Wenn Sie sich vergewissern möchten, ob Ihre „Analyse" korrekt ist, verbalisieren Sie sie, sprechen Sie über die verschiedenen Perspektiven.

Versuchen Sie es zunächst wieder in einer vertrauten Atmosphäre, aber erproben Sie das Verbalisieren dann auch im Unterricht. Das Hinweisen auf andere Perspektiven ist ebenfalls ein wichtiger Punkt unserer Unterrichtskonzeption, d.h. dieses Verhalten ermöglicht es dem Lehrer, seine eigene Kompetenz zu erweitern und gleichzeitig auch die Schüler entsprechend zu fördern.

Beispiel:
Während der Tobephase bleibt ein Kind am Rand sitzen. Hat es einfach mal keine Lust, oder ist es abgewiesen worden, ist es vielleicht verletzt oder traurig über eine schlechte Note? Reden Sie mit ihm: „Du schaust zu, während alle anderen spielen?" oder „Ich habe gerade gesehen, daß du allein hier sitzt und nicht mitspielst, und ich habe mich gefragt, warum wohl?"

(2) *Ambiguitätstoleranz*
Wie lautet das Ergebnis Ihres Nachdenkens hinsichtlich des Umgangs mit unterschiedlichen Erwartungen? Wenn Sie zu dem Ergebnis gekommen sind, daß Sie selten nachgeben und meist Entscheidungen treffen, die Ihren Vorstellungen entsprechen, dann versuchen Sie, in einer entsprechenden Situation einmal mehr Offenheit und Toleranz zu zeigen. In einer vertrauten Umgebung, in der Sie viel Interesse am Interaktionspartner haben, wird es Ihnen möglicherweise keine großen Probleme bereiten. Und in der Schule? Blocken Sie Schüler nicht gleich ab, die einen (zeitintensiven) Wunsch äußern oder ein Problem an Sie herantragen, das Sie und Ihren Unterricht nur indirekt oder nicht betrifft. Greifen Sie außerdem bei Streit oder Meinungsverschiedenheiten unter den Schülern nicht sofort mit Entscheidungen ein. Wenn sich zwei Schüler um einen Ball streiten, versuchen Sie nicht, eine „gerechte" Lösung zu finden, die kurzfristig wieder Ruhe bringt, aber die Fähigkeiten der Schüler nicht fördert. Versuchen Sie stattdessen, die verschiedenen Perspektiven zu verbalisieren und die Schüler nach Lösungsmöglichkeiten zu fragen. Wie waren Ihre eigenen Gefühle in dieser Situation? Vergleichen sie sie einmal mit den Empfindungen, die Sie bei anderem Verhalten Ihrerseits (wahrscheinlich) gehabt hätten.

(3) *Identitätsdarstellung*
Teilen Sie Ihren Interaktionspartnern gelegentlich auch Persönliches oder Gefühle mit? Wenn dieses Verhalten nicht zu Ihrem „Standard" gehört, versuchen Sie einmal, in Situationen, in denen Sie sich besonders freuen, wü-

tend oder sauer sind, genau diese Gefühle auch zu verbalisieren. Reden Sie beispielsweise nicht drumherum, wenn ein Schüler Sie stört: „Das stört doch den Unterricht, wenn das jeder machen wollte!" - sondern teilen Sie offen mit, daß *Sie* sich gestört fühlen. Charakteristisch für Sätze, die Offenheit ausdrücken, ist die „Ich"-Form: „Ich kann es einfach nicht leiden, wenn du so laut dazwischenrufst, Peter!" oder „Peter, du störst mich, wenn du so laut dazwischenrufst".

Aufgabe 4: Einschätzen des eigenen Verhaltens im Hinblick auf die Verwirklichung der Maßnahmen

Versuchen Sie, gedanklich für sich zu klären, wie Sie Ihr Verhalten hinsichtlich der als förderlich angesehenen Maßnahmen einschätzen. Die folgenden Fragen sollen Sie dabei unterstützen.

— Entscheiden Sie in der Regel allein, ohne Mitsprache der Schüler, was im Unterricht gemacht wird, oder können diese - natürlich im Rahmen der Möglichkeiten - mitreden?

— Ermuntern Sie die Schüler, sich für den Unterricht mitverantwortlich zu fühlen?

— Erinnern Sie sich einmal an die Konflikte, in die Sie (heute/am letzten Schultag) eingreifen mußten, bzw. in die Sie eingegriffen haben. Zweifellos muß man gelegentlich auch unpopuläre Maßnahmen ergreifen, jemanden bestrafen, Dinge verbieten u.ä. Haben Sie dabei versucht, bei den Schülern Verständnis für diese Maßnahme zu wecken?

— Wann haben Sie das letzte Mal auf die Perspektive eines wenig einfühlsam behandelten Schülers hingewiesen. Wohlgemerkt, ohne daß damit eine Wertung oder ein direkter Eingriff verbunden waren. Beispiel: Die Gruppe will einen Schüler nicht mitmachen lassen. Nun könnten Sie bestimmen: „Er macht bei euch mit", oder Sie könnten sagen: „Das finde ich nicht nett von euch . . ." Im Sinne unserer Konzeption würden wir uns wünschen, daß Sie die Schüler einmal fragen, wie sie sich denn fühlen würden, wenn sie ausgeschlossen würden? Haben Sie gelegentlich so eingegriffen?

— Nur reden und auf etwas aufmerksam machen kann zwar auch schon Effekte haben, nachhaltiger auf Schülerverhalten Einfluß nehmen kann man aber sicherlich über das Erleben. Planen Sie gelegentlich Situationen, in denen Ihre Schüler neue Einsichten und Perspektiven erfahren oder auch einen Unterschied zu ihren „normalen" Erfahrungen erleben?

— Schätzen Sie einmal ab, bei wievielen Aufgabenstellungen in Ihrem Unterricht der Wettbewerb eine ganz wichtige Rolle spielt, und wie oft die gemeinsame Arbeit einer Gruppe betont wird.

— Wie verhalten Sie sich in einem Spiel, wen loben Sie, was stellen Sie besonders heraus? Eine gute Einzelleistung, gutes Zuspiel oder die Integration schwächerer Schüler?
— Wie sehen die Inhalte in Ihren Stunden aus? Sind es in der Regel die traditionellen Inhalte der jeweiligen Sportart, Inhalte, die auf das Niveau eines „Durchschnittsschülers" abgestimmt sind, oder sind die Inhalte so verändert, daß ihnen eigentlich jeder gerecht werden kann?
— Oft denkt man, man wäre ein guter Zuhörer. Genaue Beobachtungen widerlegen diese Ansicht häufig. Versuchen Sie, möglichst selbstkritisch - vielleicht indem Sie sich Ihren heutigen Schultag noch einmal ins Gedächtnis rufen - zu beantworten, wie gut Sie zuhören.

Aufgabe 5: Erfahren von Maßnahmen, die Sie bislang selten angewandt haben

Da es nach unserer Konzeption zunächst wichtig ist, eine vertrauensvolle, personorientierte Lernatmosphäre zu schaffen, wählen Sie einen Aspekt aus diesem Bereich (vgl. 4.2) aus, an dem Sie zunächst arbeiten wollen. Nehmen wir einmal an, Sie wollten den Unterricht nicht weiter allein bestimmen und die Schüler an der inhaltlichen Gestaltung der nächsten Unterrichtseinheit beteiligen. Wenn Sie bislang im wesentlichen allein entschieden haben, was gemacht wird, dann können Sie natürlich nicht erwarten, daß Sie in kurzer Zeit mit den Schülern eine alle befriedigende Lösung finden. Deshalb sollten Sie versuchen, den Einstieg so zu gestalten, daß er nicht für alle - Sie eingeschlossen - unbefriedigend verläuft. Bilden Sie deshalb Kleingruppen, die sich bis zur nächsten Stunde verschiedene Übungsformen überlegen (das geht natürlich nur, wenn die Schüler schon über entsprechende Erfahrungen in diesem Sportbereich verfügen), besprechen Sie die Vorschläge und stellen Sie dann mit den Schülern gemeinsam die Stundeninhalte zusammen.

Probieren Sie nach und nach alle Maßnahmen aus. Gehen Sie behutsam vor, wenn es sich um einen Aspekt handelt, bei dem die Schüler noch keine Erfahrungen haben. Seien Sie nicht enttäuscht, wenn Ihre Bemühungen nicht sofort erfolgreich sind. Versuchen Sie, mit den Schülern zu klären, woran es gelegen hat. Bei den Maßnahmen und Verhaltensweisen, für deren Verwirklichung Sie im wesentlichen allein verantwortlich sind, wie „Zuhören" oder „Begründen", versuchen Sie, Schwierigkeiten im Gespräch mit Freunden oder Kollegen zu klären.

6.3 Gruppenlernprogramm

Wenn sich eine Gruppe von Lehrern gefunden hat, die zusammen darauf hinarbeiten will, unsere Konzeption zu realisieren, so werden im folgenden Vorschläge für ein gemeinsames Erarbeiten gemacht, die Sie als Grundlage für Ihr Training verwenden können. Sie beziehen die im Selbstlernprogramm beschriebenen Aufgaben mit ein.

Hinsichtlich Dauer und Anzahl der gemeinsamen Trainingssitzungen sollten Sie folgende grobe Angaben berücksichtigen. Sie sollten etwa 90 Minuten zusammen arbeiten, eine längere Dauer überfordert in der Regel die Konzentrationsfähigkeit. Vereinbaren Sie zunächst 6 bis 8 Termine im Zwei-Wochen-Rhythmus, und besprechen Sie anschließend die Interessen bzw. die Notwendigkeit einer Fortführung.

1. Sitzung - Diskussion der Unterrichtskonzeption

Beim ersten Zusammentreffen sollten Sie sich über unsere Konzeption unterhalten. Was verwirklichen Sie schon davon, auf was kann man leicht einmal achten, was bereitet möglicherweise Probleme. Welche unserer Vorschläge sehen Sie vielleicht so ohne weiteres gar nicht ein, usw.

Vorbereitung für die nächste Sitzung: Aufgabe 1 und Aufgabe 4 des Selbstlernprogramms.

2. Sitzung - Persönlicher Entwicklungsstand der Qualifikationen

Teilen Sie den Gruppenmitgliedern zunächst anhand der in Aufgabe 1 und 4 für das individuelle Training gestellten Fragen hinsichtlich der Qualifikationen Rollen/Perspektivenübernahme, Rollendistanz, Ambiguitätstoleranz und Identitätsdarstellung sowie der förderlichen Verhaltensweisen und Maßnahmen die Einschätzung Ihres Entwicklungsstandes mit. Anschließend sollten Sie dasselbe noch einmal für die übrigen Gruppenmitglieder tun. Fassen Sie sich sowohl bei der Selbst- als auch bei der Fremdbeschreibung kurz, denn im Zentrum dieser Sitzung sollte die Diskussion der Selbst- und Fremdeinschätzung stehen. Gibt es Unterschiede hinsichtlich der Einschätzung? Nehmen die Kollegen Sie anders wahr, als Sie sich selbst sehen?

Vorbereitung für die 3. Sitzung:
Aufgabe 2 des Selbstlernprogramms: Beobachten Sie sich vor allem hinsichtlich aufgetretener Unterschiede zwischen Selbst- und Fremdeinschätzung. Vielleicht können Sie die Interaktionspartner, mit denen Sie „üben", zu Ihrem Verhalten befragen.

Verabreden Sie außerdem eine gegenseitige Beobachtung. Je nach den vorhandenen (zeitlichen) Möglichkeiten sollte jeder Teilnehmer wenigstens eine Unterrichtsstunde eines Kollegen besuchen und beobachten. Auf folgende Aspekte sollten Sie dabei vor allem achten:

Identitätsdarstellung
— Macht der Lehrer selbst mit und teilt so mit, daß er auch Freude hat, sich zu bewegen?

— Spricht der Lehrer über eigene Wünsche und Erwartungen sowie über Erwartungen anderer an ihn?
— Bringt er Gefühle und Empfindungen ein? Bezeichnend (aber nicht notwendig) für diesen Aspekt sind Aussagen des Lehrers in Ich-Form.
— Bringt der Lehrer seine „Besonderheit" ein?
— Gibt er, über das hinaus, was aktuell an Information erfragt wird, für die Interaktion und seine Identität bedeutsame Mitteilungen in das Geschehen ein? (vgl. die Beschreibung in Abschnitt 6.1).

Eingehen auf Schülerperspektive
— Verbalisiert oder reflektiert der Lehrer Schüleräußerungen oder Schülerverhalten?
— Zeigt er Verständnis für Schülerperspektiven, also für Wünsche, Erwartungen, Erlebnisse und Gefühle der Schüler?
— Setzt er sich für andere ein? (vgl. hierzu ebenfalls 6.1).

Begründung
— Schafft der Lehrer bei den Schüler dadurch Verständnis für Entscheidungen, notwendige Regeln und Absprachen, daß er sie begründet?

Zuhören
— Hört der Lehrer den Schülern (geduldig) zu?

Am Ende dieser beobachteten Stunde sollten Sie noch einige Punkte zum Inhalt und zur Aufgabenstellung festhalten:
— Wie ist die Entscheidung über den Stundeninhalt zustande gekommen?
— War es eine Individual-, Gruppen- oder Mannschaftsaufgabe?
— Wie wurde differenziert?
— Waren es „Originalinhalte" der entsprechenden Sportart oder (in welcher Hinsicht?) veränderte Inhalte?
— Hatte die Aufgabe einen starken oder reduzierten Wettbewerbscharakter?

3. Sitzung - Analyse des Lehrerverhaltens
Die Beobachtungsergebnisse sollten dann als Diskussionsgrundlage für diese Sitzung verwandt werden.
— Zunächst sollen die jeweiligen Beobachter den Kollegen Rückmeldung geben, ohne daß sie sich gleich dazu äußern dürfen. (Dieses „Verbot" sollte deshalb beachtet werden, damit nicht gleich jeder „Entschuldigungen" und Erklärungen für sein Verhalten sucht!)

— Als nächstes sollte jeder Lehrer die Aspekte nennen (nicht bewerten!), bei denen er eine Diskrepanz zu seiner Selbstwahrnehmung sieht. Über diese Punkte sollte dann eingehender gesprochen werden.

Vorbereitung für die 4. Sitzung:
Aufgabe 3 des Selbstlernprogramms. Außerdem sollte sich jeder einen der Verhaltensaspekte vornehmen, die unterschiedlich eingeschätzt worden sind, - möglichst nicht gleich den, der die größten Schwierigkeiten bereitet - und sich wiederholt hinsichtlich dieses Aspektes in den Stunden kritisch betrachten und natürlich auch versuchen, die gewünschten Veränderungen zu erproben.

4. Sitzung - Erfahrungen über die ersten Umsetzungsversuche

Zu Beginn dieser Sitzung sollte ein Erfahrungsaustausch stehen: Wie weit ist jeder mit den vorgenommenen Verhaltensänderungen gekommen. Sie sollten versuchen zu klären, was besonders gut geklappt hat, und was schwieriger umzusetzen war. Versuchen Sie, charakteristische Situationen zu schildern, und verwenden Sie zur Verdeutlichung des Problems Rollenspiele. (Das ist natürlich nur möglich, wenn wenigstens einer von Ihnen über entsprechende Erfahrungen verfügt).

Da vermutlich von den einzelnen Teilnehmern verschiedene Maßnahmen bzw. Verhaltensweisen ausprobiert wurden, hat man die Möglichkeit, auch durch die Erfahrungen der Kollegen zu lernen.

Vorbereitung der nächsten Sitzung:
Aufgabe 5 des Selbstlernprogramms

Die Fortführung Ihrer Arbeit könnte so aussehen, daß Sie sich von Sitzung zu Sitzung schwerpunktmäßig immer einen neuen Aspekt der von uns vorgeschlagenen Maßnahmen vornehmen und ausprobieren. Hilfreich ist es dabei, wenn gelegentlich ein Kollege aus der Gruppe Ihren Unterricht anschaut und Ihnen Rückmeldung gibt.

Sie sollten versuchen, bei Ihrem gemeinsamen Bemühen um die Realisierung unserer Unterrichtskonzeption, untereinander auch die Sensibilität zu zeigen, die Sie bei Ihren Schülern erreichen möchten.

7. Evaluation

In diesem Kapitel wollen wir Verfahren zur Überprüfung sowohl des Lehrer- wie Schülerverhaltens vorstellen, die wir im Darmstädter Forschungsprojekt entwickelt haben. Um es einem Lehrer zu ermöglichen, diese Evaluationsinstrumente mit vertretbarem Durchführungs- und Auswertungsaufwand einzusetzen, haben wir die Fragebogen gekürzt, und die Beobachtungsverfahren auf eine qualitative Beschreibung des Verhaltens in bestimmten Situationen reduziert. Die Originalverfahren finden sich bei UNGERER-RÖHRICH (1984a).

Im Abschnitt 7.1 beschreiben wir Verfahren zur Überprüfung des Lehrerverhaltens bzw. des Unterrichts. Anschließend stellen wir in 7.2 Möglichkeiten der Schülerevaluation dar. Diese Verfahren lassen sich im Hinblick auf verschiedene Fragestellungen einsetzen.

Evaluation von Veränderungen
Eine Anwendung der Fragebogen und Beobachtungsverfahren in der Schule empfiehlt sich vor allem dann, wenn im Unterricht auf die Förderung der Sozialkompetenz Wert gelegt worden ist, und nun eine mögliche Veränderung in diesem Bereich evaluiert werden soll. Eine einmalige Testung ist natürlich nicht geeignet, entsprechende Fragen zu beantworten. Das heißt, man muß die interessierenden Variablen zu mehreren Zeitpunkten überprüfen, also wiederholte Messungen durchführen.

Auch wenn ein Fragebogen von den Schülern zweimal ausgefüllt werden soll, können sie anonym bleiben; dies ist für eine ehrliche Beantwortung sehr wichtig. Allerdings muß man gewährleisten, daß die Fragebogen der ersten Testung denen der zweiten problemlos zugeordnet werden können, wenn man an einer genauen statistischen Analyse der Ergebnisse interessiert ist. Am besten bittet man die Schüler, sich einen Code auszudenken. Wichtig ist natürlich, daß die Schüler sich ihren Code aufschreiben und bei der nächsten Befragung nachschauen können.

Vergleiche von verschiedenen Gruppen bzw. Lehrern
Wenn man überprüfen möchte, ob sich Klassen im Hinblick auf ihre Sozialkompetenz voneinander unterscheiden, können die Fragebogen und Beobachtungsverfahren ebenfalls sinnvoll eingesetzt werden. Entsprechend können auch die Verfahren zur Lehrerevaluation zu Vergleichen durchgeführt werden.

Diagnostik im Hinblick auf eine gezielte Förderung
Da für unsere Verfahren keine Normen vorliegen, fehlen für eine einmalige anonyme Testung gültige Vergleichswerte. Eine sinnvolle Interpretation ist

aber möglich, wenn die Fragebogen bzw. Beobachtungsergebnisse den einzelnen Schülern zugeordnet werden können. Sinn einer einmaligen Befragung in einer Klasse sollte jedoch nur sein, daß der Lehrer sich den Schülern mit gering ausgeprägter oder nicht eingesetzter Sozialkompetenz in seinem Unterricht besonders widmen will. In diesem Fall würden die Verfahren im Hinblick auf eine individuelle Förderung der Sozialkompetenz eingesetzt.

7.1 Evaluation des Lehrerverhaltens

Inwieweit es einem Lehrer gelungen ist, erfolgreich an seinem Verhalten zu arbeiten, bzw. in welchem Umfang er Verhaltensweisen und Maßnahmen zeigt, die in unserer Unterrichtskonzeption angesprochen worden sind, darum soll es in diesem Abschnitt gehen.

Selbst- und Fremdbeobachtung

Zunächst kann man selbst einmal überprüfen, inwieweit man die gewünschten Verhaltensweisen realisiert. Zwei Möglichkeiten haben wir schon im Selbstlernprogramm angesprochen: die Reflexion über eigenes Verhalten und die Selbsteinschätzung. Da diese Daten sehr subjektiv sind, wäre es natürlich schön, wenn sie durch weitere Überprüfungen ergänzt werden könnten. Eine Möglichkeit haben wir im Gruppenlernprogramm vorgestellt: die Verhaltensbeobachtung durch Kollegen. Bei diesen Ergebnissen muß man natürlich bedenken, daß Objektivität nur sehr begrenzt gegeben ist, da die Beobachter weder ein Beobachtertraining absolviert haben noch ein standardisiertes Verfahren einsetzen. Die Beobachtungsergebnisse können jedoch die Selbsteinschätzung gut ergänzen, und auch auf mögliche Fehleinschätzungen aufmerksam machen.

Analyse methodischer Maßnahmen

Die Art, wie man Inhalte anbietet, und welche methodischen Arrangements man wählt, spielt - wie wir dargelegt haben - für unsere Konzeption eine nicht unwesentliche Rolle. Ergänzend zur Beobachtung wollen wir deshalb noch einige Hilfen zur Analyse methodischer Maßnahmen geben. Die Fragen kann man selbst im Anschluß an eine Stunde oder auch bei der Stundenplanung beantworten, oder man bittet einen Beobachter um die entsprechende Analyse.

Wie kommen inhaltliche *Entscheidungen* zustande?
— Sie sind vom Lehrer bestimmt.
— Sie sind von den Schülern bestimmt.
— Sie sind nach Lehrer-Schüler-Diskussion festgelegt.

Wie können die *Inhalte* charakterisiert werden?
— Sie sind „original".
— Sie sind hinsichtlich besserer Teilnahmechancen für alle verändert.
— Sie sind mit schlechteren bzw. besseren Teilnahmechancen für einzelne Gruppen verändert.

Um welche Art *Aufgabenstellung* handelt es sich?
— Individuelle Aufgaben
— Gruppenaufgaben
— Mannschaftsaufgaben

Wie können die *Regeln* bzw. wie können die Aufgaben charakterisiert werden?
— Sie sind für alle gleich.
— Sie sind differenziert hinsichtlich:
    — Leistung
    — Geschlecht
    — Inhalt.

Wie sind die *Lösungsmöglichkeiten?*
— Sie sind für alle gleich.
— Gute/leistungsstarke Schüler werden bevorzugt.
— Schwache Schüler werden bevorzugt.
— Jungen werden bevorzugt.
— Mädchen werden bevorzugt.

In welchem Ausmaß impliziert die Aufgabe/das Spiel eine *Wettbewerbsorientierung?*
— Die Aufgabe/das Spiel hat einen ausgeprägten Wettbewerbscharakter.
— Die Aufgabe/das Spiel hat einen reduzierten Wettbewerbscharakter.
— Die Aufgabe/das Spiel hat keinen Wettbewerbscharakter.

Aus dieser Analyse soll ersichtlich werden, inwieweit die unserer Konzeption zugrunde liegenden Vorschläge auch umgesetzt, bzw. „ganz automatisch" eingesetzt worden sind.

Lehrerverhalten aus Schülersicht

In die Überprüfung des Lehrerverhaltens können natürlich auch die Schüler einbezogen werden. Gerade ihre Einschätzung ist wichtig, und die Frage, ob die Schüler die für unsere Konzeption wesentlichen Aspekte auch wahrnehmen.

Den folgenden Fragebogen haben wir im Rahmen unseres Forschungsprojektes zur Evaluation des Lehrerverhaltens entwickelt und eingesetzt. Er besteht aus 27 Items, die sich auf drei Skalen verteilen, und charakterisiert die Interaktion als person- bzw. positionsorientiert und gibt Aufschluß über den von den Schülern wahrgenommenen Einsatz der in der Konzeption als förderlich angesehenen Maßnahmen.

Liebe Schülerin, lieber Schüler!

Auf den folgenden Seiten findest Du eine Reihe von Fragen zu Deinem Sportlehrer. Wir möchten gerne wissen, wie Du über Deinen Lehrer denkst. Versuche bitte die folgenden Aussagen so zu beantworten, wie es nach Deiner Meinung für Deinen Lehrer zutrifft.

Beispiel:

Unser Sportlehrer geht auf unsere Wünsche ein

    immer   oft   manchmal   selten   nie

Wenn Du der Ansicht bist, daß Dein Sportlehrer oft auf Eure Wünsche eingeht, kreuzt Du „oft" an, wenn Du meinst, daß er nie auf Eure Wünsche eingeht, machst Du Dein Kreuz bei „nie".

Beantworte die Fragen bitte ganz allein, ohne beim Nachbarn abzugucken, und laß auch keine Frage aus. Der Lehrer erfährt Deine Antworten nicht.

	immer	oft	manch-mal	selten	nie	Skala
Unser Sportlehrer* läßt uns mitentscheiden, was gemacht wird.						Pers.
Unser Sportlehrer hat für uns Verständnis.						Pers.
Unser Sportlehrer geht auf unsere Wünsche ein.						Pers.
Wenn wir Probleme haben, dann spricht unser Sportlehrer mit uns darüber.						FM
Unser Sportlehrer verlangt hohe Leistungen von uns.						POS
Wenn ein Kind im Spiel nie den Ball bekommt, spricht unser Sportlehrer mit uns darüber.						FM
Unser Sportlehrer kümmert sich um die schwachen Schüler.						FM
Unser Sportlehrer nimmt uns ernst.						FM
Unser Sportlehrer lobt nur die Sieger in einem Spiel.						POS
Unser Sportlehrer macht uns auf Mitschüler aufmerksam, die es in der Klasse schwer haben.						FM
Unser Sportlehrer redet mit uns über den Sportunterricht.						FM
Unser Sportlehrer kommandiert uns rum.						POS
Unser Sportlehrer hört uns zu.						Pers.
Unser Sportlehrer lobt uns, wenn wir Verständnis für unsere Mitschüler zeigen.						FM
Unser Sportlehrer gibt seine Wünsche auf, wenn wir etwas anderes wollen.						Pers.

* *Das gilt natürlich genauso, wenn Du eine Sportlehrerin hast!*

	immer	oft	manch-mal	selten	nie	Skala
Unser Sportlehrer lobt uns, wenn wir erkennen, daß Mitschüler Hilfe brauchen.						FM
Unser Sportlehrer bespricht Probleme mit uns.						FM
Unser Sportlehrer läßt uns Krach machen.						Pers.
Unser Sportlehrer fragt nach unseren Wünschen.						Pers.
Wenn ein Kind ausgelacht wird, macht unser Sportlehrer uns klar, wie es sich fühlt.						FM
Unser Sportlehrer macht genau das, was unseren Wünschen entspricht.						Pers.
Unser Sportlehrer gibt mit seinem Können an.						POS
Unser Sportlehrer erkennt unsere Wünsche.						Pers.
Unser Sportlehrer schreibt uns genau vor, was wir tun sollen.						POS
Unser Sportlehrer erwartet, daß wir auf Mitschüler Rücksicht nehmen.						FM
Unser Sportlehrer sorgt dafür, daß die Wünsche aller Kinder berücksichtigt werden.						Pers.
Unser Sportlehrer macht einen Unterricht, der mir Spaß macht.						Pers.
Wie gut bist Du im Sport?	1	2	3	4	5	

Das Auftreten des Verhaltens bei den Lehrern soll auf einer fünfstufigen Antwortskala eingeschätzt werden:

immer (1) oft (2) manchmal (3) selten (4) nie (5)

Eine „Immer-Antwort" wird mit einem Punkt verrechnet, eine „Oft-Antwort" mit zwei Punkten usw. Die sich aus den einzelnen Einschätzungen ergebenen Werte werden zu einem entsprechenden Summenwert für die jeweilige Skala aufaddiert. Der Fragebogen zeigt, welches Item zu welcher Skala gehört. Diese Angaben sollten in der Vorlage für die Schüler weggelassen werden. Bei den Skalen PERS (personorientierte Interaktion) und FM (Förderliche Maßnahmen) zeigt ein niedriger Skalenwert an, daß eine eher personorientierte Interaktion in der Klasse stattfindet, bzw. daß die für das Sozialverhalten als förderlich angesehenen Maßnahmen häufig eingesetzt werden. Bei der Skala POS (positionsorientierte Interaktion) spricht ein niedriger Wert für eine eher positionsorientierte Interaktion.

Zum Vergleich mit der Einschätzung des eigenen Verhaltens nennen wir einige Ergebnisse aus unseren Untersuchungen. Die Versuchslehrer unterrichteten im Sinne unserer Konzeption, die Kontrollehrer hielten ihren „normalen" Unterricht.

	Pers.	FM	POS
Versuchslehrer	$\bar{x}$ = 26.8 s = 5.5	$\bar{x}$ = 24.0 s = 7.0	$\bar{x}$ = 20.0 s = 3.1
Kontrollehrer	$\bar{x}$ = 35.0 s = 7.8	$\bar{x}$ = 34.9 s = 9.3	$\bar{x}$ = 17.1 s = 4.1
Wertebereich	11 - 55	11 - 55	5 - 25

Wenn man nicht ausschließlich an einer Zustandsrückmeldung interessiert sind, bekommt man die beste Rückmeldung über eine Verhaltensänderung bei sich selbst, wenn man den Schülern den Fragebogen erstmals zu Beginn seiner Bemühungen um die Realisierung unserer Konzeption gibt und ihn dann vielleicht im Laufe des Schuljahres noch zweimal ausfüllen läßt. Auch wenn man den Fragebogen anonym ausfüllen läßt, und darauf sollte man unbedingt achten, kann es zu verfälschten Ergebnissen kommen, wenn die Schüler sich scheuen, ehrlich zu sein. Man sollte sich deshalb während des Ausfüllens im Hintergrund halten, aber die Schüler bitten, jeder für sich eine Antwort zu geben. Außerdem sollte man die Bogen anschließend von den Schülern einsammeln lassen. Wenn man plant, den Fragebogen differenzierter auszuwerten und etwa getrennt für Jungen und Mädchen, Vereinssportler und Nicht-Vereinssportler oder leistungsstarke und leistungsschwache Schüler Ergebnisse bestimmen will, solle man entsprechende Angaben erbitten.

7.2 Evaluation des Schülerverhaltens

Wir wollen in diesem Abschnitt Kurzformen verschiedener Fragebogen vorstellen, die vom Aufwand her von einem Lehrer in seinem Unterricht durchgeführt und ausgewertet werden können. Außerdem werden wir verschiedene Situationen beschreiben, in denen eine Beobachtung der Schüler geeignet ist, Aufschluß über das soziale Verhalten zu geben.

Fragebogen zur Sozialkompetenz in sportspezifischen Situationen

Der Fragebogen zur Sozialkompetenz in sportspezifischen Situationen (SKSS) soll Aufschluß über den Einsatz der Fähigkeiten Rollen-/Perspektivenübernahme, Rollendistanz und Ambiguitätstoleranz geben. Er besteht aus kurzen, meist sportspezifischen Aussagen, denen gegenüber die Schüler Zustimmung oder Ablehnung äußern sollen. Kreuzt ein Schüler bei der Aussagen „Wenn ein Kind von keiner Mannschaft aufgenommen wird, hat es ein ganz mieses Gefühl" „stimme zu" an, scheint dies dafür zu sprechen, daß ein Perspektivenwechsel vollzogen wurde. Dagegen spricht eine „stimme zu" Beantwortung bei dem Item „Wenn sich ein Kind im Sportunterricht ungeschickt anstellt, lache ich es aus" gegen den Einsatz der Fähigkeit zur Rollen-/Perspektivenübernahme.

Wir stellen hier eine Kurzform des SKSS vor, die aus 32 Items besteht. Der Fragebogen ist für Kinder ab dem 10. Lebensjahr geeignet. Der SKSS ist für Gruppenvergleiche hinreichend reliabel und valide und kann zu Veränderungsmessungen eingesetzt werden. Individuelle Vergleiche können im Hinblick auf eine angestrebte besondere Förderung von „weniger kompetenten" Kindern vertreten werden. Wünschenswert wäre aber die Hinzunahme weiterer Daten für Individualaussagen, etwa durch die Beobachtung der entsprechenden Kinder.

Liebe Schülerin, lieber Schüler!

Auf den nächsten Seiten findest Du eine Reihe von Aussagen, die fast alle mit dem Sportunterricht zu tun haben. Versuche bitte, diese Sätze der Reihe nach so zu beantworten, wie sie für Dich zutreffen. Stimmst Du einer Aussage zu, machst Du ein Kreuz in der Spalte „stimme zu". Trifft die Aussage nicht zu, machst Du ein Kreuz in die Spalte „stimme nicht zu".

Wenn Du Dir nicht sicher bist, was Du ankreuzen sollst, dann wähle die Aussage, die eher Deiner Ansicht entspricht.

Bitte beantworte alle Sätze ehrlich. Überlege nicht zu lange und achte darauf, daß Du keinen Satz ausläßt.

Nun geht es los!

Code: ....

	stimme zu	stimme nicht zu
1.* Wenn ich nicht gewinne, bin ich sauer.		
2. Wenn ich merke, daß ein Kind im Sportunterricht etwas sagen möchte, aber nicht zu Wort kommt, mache ich meine Mitschüler darauf aufmerksam.		
3.* Mir ist es egal, wie sich mein Freund oder meine Freundin im Sportunterricht fühlt.		
4. Wenn viele Kinder aus der Klasse etwas anderes machen möchten als ich, gebe ich meistens nach.		
5. Wenn mir ein Kind meinen Ball wegnimmt, rede ich mit ihm, wie wir miteinander spielen können.		
6. Ich zeige einem Mitschüler, der längere Zeit krank war, was wir im Sport gemacht haben.		
7. Ich versuche auch zu Mitschülern, die ich nicht leiden kann, freundlich zu sein.		
8. Ich finde es gut, wenn in der Gruppe einer dem anderen hilft.		
9.* Wenn Mitschüler über ihre Schwierigkeiten im Sportunterricht sprechen, langweile ich mich.		
10.* Beim Spiel kommt es mir darauf an, den Gegner zu besiegen.		
11. Wenn ein Kind allein am Rand sitzt, gehe ich hin und frage, ob es mitmachen will.		
12. Wenn ich im Sportunterricht eine Mannschaft zusammenstellen darf, dann wähle ich auch schwächere Mitschüler, damit sie sich nicht zurückgesetzt fühlen.		
13. Wenn mich jemand ärgert, überlege ich oft, warum er das gemacht hat.		
14. Mir ist es gleich, ob ich mit Jungen oder Mädchen spiele.		
15. Wenn jemand weint, dann versuche ich, ihn zu trösten.		
16. Mir ist es egal, ob die Tore im Spiel gezählt werden.		
17. Wenn Mädchen üben würden Fußball zu spielen, könnten sie es genau so gut wie die Jungen.		
18. Ich beschäftige mich in Gedanken sehr mit den Sorgen meiner Freunde.		

		stimme zu	stimme nicht zu
19.	Ich finde es notwendig, sich für andere Schüler einzusetzen.		
20.	Wenn ich mitbekomme, daß ein Kind ausgelacht wird, rede ich mit meinen Mitschülern darüber.		
21.*	Wenn einer allein angefangen hat, das Reck aufzubauen, dann muß er es auch allein zu Ende bringen.		
22.*	In einem Spiel kommt es mir nur darauf an, zu gewinnen.		
23.	Mir ist es wichtiger, mit meiner Mannschaft ein gutes Spiel zu machen, als den Gegner zu besiegen.		
24.*	Wenn ich zu einer Übung keine Lust habe, mache ich sie auch nicht mit.		
25.*	Mir ist es lieber, wenn meine Klassenkameraden ihre Probleme für sich behalten.		
26.*	Ich möchte nicht mit einem Mitschüler zusammen in einer Gruppe sein, der ziemlich schlecht ist.		
27.*	Wenn ich mich an einem Gerät angestellt habe, lasse ich niemanden vor.		
28.*	Wenn nur 10 Spieler aus einer Klasse mitspielen können, dann sollten die Besten spielen.		
29.*	Wenn mir in meiner Mannschaft etwas nicht paßt, mache ich einfach nicht mehr mit.		
30.	Ich setze manchmal aus, um ein anderes Kind mitmachen zu lassen.		
31.*	Wenn mir jemand auch nur ein bißchen auf die Nerven geht, lasse ich ihn stehen und gehe weg.		
32.*	Wenn sich ein Kind im Sportunterricht ungeschickt anstellt, lache ich es aus.		

Zur Auswertung fertigt man sich am besten eine Schablone an. Auf einer durchsichtigen Folie werden jeweils die Felder markiert, bei denen eine entsprechende Beantwortung einen Punkt gibt. Im Fragebogen sind die Items markiert, bei denen eine „stimme nicht zu" Antwort mit einem Punkt bewertet wird, bei den übrigen Items gibt die „stimme zu" Antwort einen Punkt. Der Testwert für den SKSS ergibt sich durch Addition aller Punkte. Der Wert kann zwischen 0 und 32 liegen, ein hoher Wert spricht für ausgeprägte Sozialkompetenz.

Fragebogen zum intendierten Sozialverhalten

Im Fragebogen zum intendierten Sozialverhalten (FIS) geht es vor allem um die Konsequenzen, die Kinder aus einem Perspektivenwechsel ziehen. Dabei interessiert allerdings noch nicht das tatsächliche Handeln, sondern die verbal geäußerten Verhaltensintentionen. Was geben Schüler vor zu tun, wenn sie sich vorstellen, in einer entsprechenden Situation zu sein?

Die Kurzfassung des Fragebogens besteht aus acht Situationsbeschreibungen, bei denen aus einem Angebot von drei Antworten eine prosoziale (3 Punkte), eine „neutrale" (2 Punkte) oder eine wenig soziale Reaktion (1 Punkt) ausgewählt werden müssen.

Beispiel: „Du spielst mit einigen Jungen und Mädchen Basketball, bis der Lehrer kommt und der Unterricht losgeht. Du siehst, daß Gabi allein auf der Bank sitzt.
— Ich nehme an, daß sie nicht spielen will.
— Ich spiele weiter und beachte sie nicht.
— Ich frage sie, ob sie mitspielen will."

Die erste Antwort ist neutral (2 Punkte), die zweite wenig sozial (1 Punkt) und die dritte prosozial (3 Punkte). Die Punkteverteilung ist im Fragebogen angegeben (darf aber natürlich nicht im Fragebogen für die Schüler erscheinen!). Bei der Auswertung wird die Summe aller Punkte gebildet. Der Wert kann zwischen 8 und 24 liegen. Hinsichtlich der Testanwendung und Interpretation der Ergebnisse gilt dasselbe wie für den SKSS.

Liebe Schülerin, lieber Schüler!

Auf den nächsten Seiten findest Du einige Situationen, wie sie gelegentlich im Sportunterricht auftreten. Du sollst jede Geschichte genau durchlesen und sie Dir vorstellen. Die Geschichten enden mit drei verschiedenen Möglichkeiten. Sie sind mit einem Kreis gekennzeichnet. Du mußt Dich für eine Möglichkeit entscheiden, wie Du handeln würdest. Bei dieser machst Du ein Kreuz in den Kreis. Du sollst nicht das ankreuzen, was Deine Eltern und Lehrer gerne sehen. Kreuze ehrlich an, wie Du handeln würdest.

Jetzt geht es los!

1. Du spielst mit einigen Jungen und Mädchen Basketball, bis der Lehrer kommt und der Unterricht losgeht. Du siehst, daß Gabi allein auf der Bank sitzt.

    (2) Ich nehme an, daß sie nicht spielen will.
    (1) Ich spiele weiter und beachte sie gar nicht.
    (3) Ich frage sie, ob sie mitspielen will.

2. Reinhard soll vor der ganzen Klasse eine Rolle vormachen. Er ist sehr ungeschickt und schafft es sicher nicht.

    (1) Ich muß schon lachen, wenn ich mir seine komische Figur nur vorstelle.
    (3) Ich gehe zu ihm und versuche ihm zu helfen.
    (2) Ich sage zu meinem Nachbarn: „Hoffentlich tut er sich nicht auch noch weh!"

3. Du redest mit einigen Jungen und Mädchen über die letzte Turnstunde, in der Ihr Reck geturnt habt. Andreas erzählt, daß er bei dem Umschwung Angst gehabt hat.

    (1) Ich sage zu ihm, daß er ein Angsthase ist.
    (2) Ich sage ihm, daß es ganz normal ist, wenn er Angst hat.
    (3) Ich sage zu ihm, daß ich seine Angst gut verstehen kann.

4. Am Ende der Sportstunde sollt Ihr Basketball spielen. Der Lehrer hat Dich als einen von vier Mannschaftsführern bestimmt, die ihre Mitspieler wählen sollen. Es bleiben drei leistungsschwache Kinder übrig.

    (2) Ich halte mich da raus. Der Lehrer soll entscheiden, was mit den dreien wird.
    (1) Ich sage: „Das passiert einem, wenn man so schlecht ist. Dann will Euch natürlich niemand haben."
    (3) Ich nehme noch ein Kind in meine Mannschaft, weil es sicherlich auch spielen möchte.

5. Du kommst in die Halle und siehst, daß Petra und Michael versuchen, den Barren aufzubauen. Da Petra recht klein ist, haben sie Schwierigkeiten es zu schaffen.

    (2) Ich schaue interessiert zu, ob die beiden es nicht doch noch schaffen.
    (3) Ich gehe hin und helfe ihnen.
    (1) Ich habe nicht vor, am Barren zu turnen. Warum soll ich dann helfen.

6. Ihr habt abgestimmt, ob Völkerball oder Handball gespielt werden soll. Du möchtest gerne Handball spielen, aber die Mehrzahl war für Völkerball.

    (1) Wenn irgend möglich, versuche ich mich zu drücken.

    (2) Ich mache mit, strenge mich aber nicht sonderlich an.

    (3) Ich mache beim Völkerball mit und strenge mich auch an.

7. In Deiner Mannschaft möchte Eberhard mitspielen. Er kann aber schlecht werfen und fangen.

    (1) Ich sage ihm, daß er in die beste Mannschaft gehen soll.

    (3) Ich lasse ihn in meiner Mannschaft mitspielen, denn wenn ihm niemand hilft, kann er ja nie besser werden.

    (2) Ich nehme ihn in die Mannschaft auf, aber ich gebe ihm einen Posten, auf dem er nicht viel Schaden anrichten kann.

8. Ihr seid 30 Schüler in der Klasse. Der Lehrer bringt nur 8 Federballspiele mit; Du und Dein Freund, Ihr habt Glück gehabt und ein Spiel bekommen.

    (2) Ich spiele so lange, bis der Lehrer etwas anders anordnet.

    (3) Ich gebe meinen Schläger nach einer Weile einem Kind, das keinen Schläger bekommen hat.

    (1) Ich freue mich und spiele mit meinem Freund die ganze Zeit.

Beobachtung des Sozialverhaltens

Aspekte beider Fragebogen können auch für eine informelle Schülerbeobachtung eingesetzt werden. Wann immer sich eine Gelegenheit für den Lehrer bietet, sollte er einmal auf ausgewählte Aspekte des Sozialverhaltens achten. Aus dem SKSS und dem FIS können vielfältige Beobachtungsgesichtspunkte formuliert werden, einige Beispiele:

— Geht jemand zu einem Kind, das alleine steht und fragt, ob es mitspielen will?
— Helfen sich die Schüler gegenseitig?
— Werden Schüler ausgelacht?
— Setzen sich die Schüler füreinander ein?

Wenn einige Schüler bei dieser Beobachtung besonders auffallen, kann man die Situation bzw. das Verhalten zum Gegenstand eines Gespräches machen und dann wiederholt darauf achten, ob sich im Laufe der Zeit Veränderungen zeigen.

Soziometrische Befragung

Die sozialen Prozesse, die wir mit unserer Unterrichtskonzeption in Gang setzen wollen, sollten zu veränderten Strukturen in der Klasse führen. Mit Hilfe mehrerer soziometrischer Befragungen kann festgestellt werden, inwieweit sich die sozialen Beziehungen innerhalb einer Klasse verändern. Als entsprechende Indikatoren können der Integrationsgrad leistungsschwacher oder unbeliebter Schüler, geschlechtsspezifische Beziehungen, Cliquenbildung u.ä. angesehen werden. Für einen Lehrer, der häufig nur zwei Stunden in der jeweiligen Klasse unterrichtet, kann eine einmalige soziometrische Befragung aber auch hilfreich sein, um sich ein Bild zu machen, welche Schüler als „Stars" angesehen sind, und welche Schüler gemieden werden. In seinem Unterricht kann er diese Kenntnisse gezielt berücksichtigen.

Mannschaftswahlen stellen im Sportunterricht eine geeignete Situation dar, um etwas über die sozialen Beziehungen zu erfahren, denn es gibt in der Regel Mitschüler oder Mitschülerinnen, die man aus verschiedenen Gründen nur ungern in die Mannschaft aufnimmt. Gerade dann, wenn Sieg und Niederlage die wichtigsten Aspekte beim Spielen darstellen, legt man Wert darauf, möglichst leistungsstarke Spieler in der Mannschaft zu haben. Bei einer reduzierten Wettbewerbsorientierung, bei der das Miteinander-Spielen akzentuiert wird, kann dieser Auswahlgesichtspunkt in den Hintergrund treten. Fragt man die Schüler am Anfang und am Ende einer entsprechend akzentuierten Unterrichtsphase nach einer beliebig großen Wunschmannschaft, die ein Spiel im Sportunterricht durchführen soll, so kann man aus den Antworten Rückschlüsse auf Veränderungen im Sozialverhalten ziehen. Wir schlagen folgende Frage vor:

„Mit welchen Jungen und Mädchen aus Deiner Klasse möchtest Du bei einem Spiel in der Sportstunde gerne in einer Mannschaft sein?"

Weitere Fragen zur Beliebtheit bzw. Sympathie und zum Sozialverhalten können natürlich noch ergänzend gestellt werden, z.B. „Welche Jungen und Mädchen aus Deiner Klasse magst Du besonders gern?", „Welche Jungen und Mädchen aus Deiner Klasse zeigen viel Verständnis für Mitschüler?", „Welche Jungen und Mädchen aus Deiner Klasse würden einem Mitschüler am ehesten helfen, wenn er geärgert wird?"

Unter der Frage sollte jeweils eine Liste mit den alphabetisch geordneten Namen aller Kinder stehen; die ausgewählten Kinder müssen nur angekreuzt werden. Der Vorteil bei diesem Vorgehen liegt darin, daß die Schüler nicht erst lange schreiben müssen, wen sie nennen wollen, und daß die Gefahr, Mitschüler zu vergessen, gemindert wird, da im Grunde genommen beim Durchgehen der Namensliste bei jedem Kind eine ja/nein-Entscheidung getroffen wird. Eine Wahlbegrenzung gibt es nicht. Ob die

Kinder ihren eigenen Namen nennen, hängt von der konkreten Fragestellung ab; sie entscheiden es selbst.

Der erste Auswertungsschritt zur Beschreibung und Analyse soziometrischer Daten ist im allgemeinen die Erstellung einer Soziomatrix. Sie wird als Tabelle mit doppeltem Eingang angelegt, als einfache Soziomatrix so, daß in der Vertikalen z.B. die Wähler, in der Horizontalen die Gewählten stehen. Eingetragen werden Wahlen und Ablehnungen, also positive und negative Nennungen.

Gewählte Wähler	GM Nr.	1	2	3	4	5	6	7	8	9	10	11	12	abgegebene NENNUNGEN I	/	Σ
Fußballmannschaft 12.1.75 Spielbeliebtheit Gruppe: Datum: Kriterium:	1					I				/	I			2	1	3
	2				I		I	/		/		I		3	2	5
	3	I		I	I	/				I				4	1	5
	4		I			I					I	/		3	1	4
	5			I						/	I			2	1	3
	6													0	0	0
	7						I				/			1	1	2
	8		I		/						I			2	1	3
	9	/		I							I			2	1	3
	10		I	I	I									3	0	3
	11					I	/							1	1	2
	12													0	0	0
erhaltene NENNUNGEN	I	0	1	4	4	6	0	0	1	0	5	2	0	23		
	/	1	0	0	0	0	4	0	0	3	0	2	0		10	
	Σ	1	1	4	4	6	4	0	1	3	5	4	0			33

Einfache Soziomatrix (I wählt, / lehnt ab), aus: Eberspächer 1985, 177

Aus der Abbildung wird u.a. ersichtlich, daß Gruppenmitglied 5 (GM 5) die meisten positiven Nennungen (Wahlen) erhält, nämlich 6; Gruppenmitglied 12 erhält weder Nennungen noch gibt es Nennungen ab.

Nachteil der Darstellung in einer einfachen Soziomatrix ist, daß die reziproken Beziehungen der Gruppenmitglieder, das sind gegenseitige Wahlen bzw. Ablehnungen, zwar als Information eingehen, jedoch nicht besonders gekennzeichnet sind und damit nicht direkt abgelesen werden können.

Diese Zusatzinformation enthält eine *reziproke* Soziomatrix, die um die Hauptdiagonale symmetrische Hälften besitzt und aus der gegenseitige Wahlen und Ablehnungen ohne weiteres hervorgehen. Abgelesen wird zweckmäßigerweise vom Zeilenkopf her. Zur Vermeidung von Additions- bzw. Interpretationsfehlern werden alle Randsummen über die Zeilen gebildet und am rechten Rand der Matrix eingetragen. Ein weiterer praktischer Vorteil ist, daß die Tabelle der Randsummen sich je nach Untersuchungsansatz und -ziel nach rechts beliebig erweitern läßt.

Gewählte														NENNUNGEN						gegenseitige Wahl/Ablehn.	
														abgegebene			erhaltene				
Wähler	GM Nr.	1	2	3	4	5	6	7	8	9	10	11	12	I	/	Σ	—	\	Σ	+	×
Fußballmannschaft 12.1.75 Spielbeliebtheit Gruppe: Datum: Kriterium:	1									×	I			2	1	3	0	1	1	0	1
	2			+		I	/			/		I		3	2	5	1	0	1	1	0
	3	+			+	+	/			+				4	1	5	4	0	4	4	0
	4	+				I				+	⁄			3	1	4	4	0	4	2	0
	5	—	—	+	—					⁄	+			2	1	3	6	0	6	2	0
	6	\	\							\				0	0	0	0	4	4	0	0
	7									I		/		1	1	2	0	0	0	0	0
	8		I		/	—					I			2	1	3	1	0	1	0	0
	9	×	\			⁄					I			2	1	3	0	3	3	0	1
	10	—		+	+	+				—				3	0	3	5	0	5	3	0
	11			—		⁄		/	\	—				1	1	2	2	2	4	0	0
	12													0	0	0	0	0	0	0	0
														23	10	33	23	10	33	12	2

I wählt — wird gewählt + gegenseitige Wahl
/ lehnt ab \ wird abgelehnt × gegenseitige Ablehnung
⁄ wählt, wird abgelehnt ⁄ wird gewählt, lehnt ab

Reziproke Soziomatrix aus: Eberspächer 1985, 178

Für das Beispiel aus der Abbildung ergibt sich z.B., daß GM 3 die meisten (4) erwiderten Wahlen hat, und daß GM 5 von GM 9 gewählt wird, selbst aber GM 9 ablehnt.

Es können weiter Indizes wie der Gruppenkohäsionskoeffizient oder der Interaktionskoeffizient bestimmt, eine Cliquenbildung durchgeführt und die Ergebnisse mehrerer Befragungen miteinander verglichen werden, um die Frage nach den Beziehungen in einer Klasse und eventuell nach Veränderungen zu beantworten. Aufschluß über die Struktur in einer Klasse liefern auch Netzsoziogramme, in denen die Beziehungen graphisch abgebildet werden (zur genauen Auswertung soziometrischer Daten siehe DOLLASE 1973, 1974; EBERSPÄCHER 1985).

Kastenballturnier
Ein Mannschaftsspiel, das von möglichst allen Schülern als attraktiv angesehen wird, und das keine zu hohen Anforderungen an die sportmotorische Leistungsfähigkeit stellt, kann eine diagnostisch relevante Situation darstellen. Beim Kastenballspiel sind diese Bedingungen gegeben. Um ein Spiel zu Evaluationszwecken nutzen zu können, muß man die Regeln so gestalten, daß nicht alle Schüler einer Mannschaft am Spielgeschehen beteiligt sind. Ein Teil der Kinder sitzt auf der Auswechselbank, und es muß selbständig gewechselt werden.

> **Spielidee**
> Die Spieler einer Mannschaft versuchen, den Ball in einen im gegnerischen Feld stehenden offenen Kasten zu werfen. Für einen gelungenen Wurf gibt es einen Punkt.
>
> **Räumliche Voraussetzungen**
> Benötigt wird ein Spielfeld von ca. 10 x 20 Meter Größe. Ein offener Kasten steht in einem Kreis von etwa 3 m Durchmesser. Als Kastenkreis und Spielfeldgrenzen werden entweder im Spiel-Hallenboden eingezeichnete Linien verwendet, oder die benötigten Linien werden mit Tesa-Streifen geklebt. Neben jedes Spielfeld wird eine Auswechselbank gestellt.

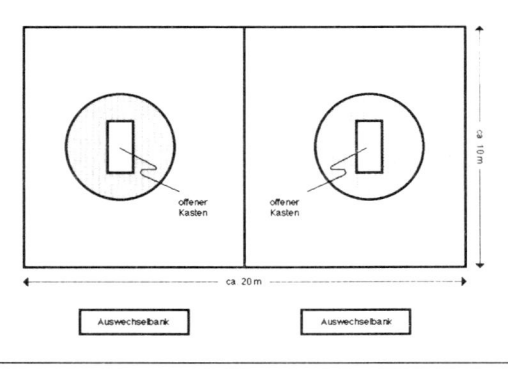

Spielregeln
Der 3-m-Kreis mit dem offenen Kasten darf von den Spielern nicht betreten werden. Im übrigen werden vereinfachte Handball- oder Basketballregeln dem Kastenballspiel zugrunde gelegt, je nachdem, welches Sportspiel die Kinder kennengelernt haben. Haben die Kinder noch keine entsprechenden Erfahrungen, kann etwa nach folgenden Regeln gespielt werden:

1. Das Spiel beginnt mit dem Anwurf an der Mittellinie. Die anwerfende Mannschaft wird durch das Los bestimmt.
2. Nach jedem gelungenen Kastenwurf beginnt die gegnerische Mannschaft wieder mit dem Anwurf.
3. Der Ball wird nach der Dreischrittregel geführt und darf nur drei Sekunden in der Hand gehalten werden.
4. Es ist nur erlaubt, den Gegner von vorn anzugehen. Halten und Stoßen sind nicht zulässig und werden mit einem Freiwurf geahndet.
5. Fouls in der Nähe des Kastens werden mit einem Freiwurf aus fünf Metern Entfernung geahndet.
6. Der Ball kann dem Gegner nur während des Dribbelns aus der Hand gespielt werden.
7. Geht der Ball über eine Auslinie, wird er durch Einwurf an der entsprechenden Stelle wieder in das Spiel gebracht.
8. Der Kasten darf im Spiel umlaufen werden, der Kreis darf jedoch nicht betreten werden (siehe oben).

Spielzeit
Die Spiele gehen jeweils über eine Spielzeit von 12 Minuten. Zunächst spielt Mannschaft 1 gegen 2 und 3 gegen 4, dann spielen die Verlierer und im vierten Spiel die Sieger gegeneinander.

Schiedsrichter
Der Lehrer bittet einen Schüler, als Schiedsrichter tätig zu sein.

Mannschaften
Es sollen einigermaßen gleichstarke Mannschaften gebildet werden. Ausgehend von den Klassenlisten werden die Kinder nach dem Alphabet vier Mannschaften zugeordnet. Von diesem Prinzip wird abgewichen, wenn sich Jungen und Mädchen nicht gleichmäßig auf die Mannschaften verteilen. Kennt der Lehrer die Kinder schon und sieht, daß die Gruppen nicht etwa gleichstark sind, so soll er die Mannschaftsaufteilung ändern. In der vom Lehrer eingeteilten Gruppe sollen die Kinder auch bei Wiederholung des Turniers zusammenspielen.

> Die Mannschaften werden durch verschiedene Nummern unterschieden. Jede am Spiel beteiligte Mannschaft hat eine eigene Auswechselbank. Die Schüler, die nicht im Spiel sind, sitzen auf der Auswechselbank. Die Mannschaften, die nicht am Spiel beteiligt sind, füllen entweder in einer „ruhigen" Ecke in der Halle einen Fragebogen aus, der weiteren Aufschluß über ihre Sozialkompetenz gibt, oder schauen zu.
>
> Die Mannschaften bestehen aus mehr Kindern als am Spiel teilnehmen dürfen. Die Aufschlüsselung geschieht folgendermaßen:
> 37 - 40 Schüler - 10/9 pro Mannschaft - 6 im Spiel
> 33 - 36 Schüler - 9/8 pro Mannschaft - 5 im Spiel
> 28 - 32 Schüler - 8/7 pro Mannschaft - 5 im Spiel
>
> **Hinweis zum Auswechseln**
> Der Lehrer soll den Schülern zum Auswechseln nur sagen, daß sie das selbst regeln müssen. Weitere Hilfen soll er nicht geben.

Man kann - wenn die Bedingungen der Spielattraktivität und der motorischen Anforderungen gegeben sind - annehmen, daß alle Schüler daran interessiert sind, lange zu spielen. Die individuelle Spielzeit scheint uns deshalb geeignet zu sein, soziales Verhalten in Spielsituationen zu beschreiben. Da nicht alle Mannschaftsmitglieder spielberechtigt sind, dürfen Spieler, die die berechtigten Spielwünsche ihrer Mitschüler erkennen und ernst nehmen, nur eine bestimmte Zeit im Spiel sein, und zwar so lange, daß alle Kinder in etwa gleiche Spielanteile haben. Bei 12 Minuten Spielzeit (Z), einer Spielerzahl (S) von 5 und einer Mannschaftsgröße (M) von 8 dürfte jedes Mitglied 7,5 Minuten spielen. Allgemein ergibt sich die Sollzeit (ZxS)/M.

Wir sehen die Spielzeit als einen groben Indikator für das Sozialverhalten an und sagen, daß ein Spieler dann (pro-)soziales Verhalten zeigt, wenn seine Spielzeit einen Wert hat, der um die Sollzeit liegt. Dagegen zeigt ein Spieler unsoziales Verhalten, wenn er während des gesamten Spiels aktiv ist und überhaupt nicht wechselt. Aussagen über einen Schüler, der überhaupt nicht oder nur wenig spielt, sollten ohne zusätzliche Information - Wollte er nicht spielen? Warum ist er nicht zum Zuge gekommen? - nicht gemacht werden.

In unserer Untersuchung haben wir dreimal pro Jahr ein Kastenballturnier, mit jeweils vier möglichst gleichstarken Mannschaften durchgeführt. Die Mannschaften blieben konstant. Grob galt die Regelung: Zwei Drittel sind spielberechtigt, ein Drittel sitzt auf der Auswechselbank (etwa 5:3). Die Spiele gingen jeweils über eine Spielzeit von 12 Minuten. Zunächst spielte

Mannschaft 1 gegen 2 und 3 gegen 4, dann spielten die Verlierer und im vierten Spiel die Sieger gegeneinander. Diese Turnierform hat durchaus Wettkampfcharakter, aber es scheint uns gerade interessant zu sein, ob auch unter diesen „erschwerten" Bedingungen (pro-)soziales Verhalten gezeigt wird. Die Mannschaften, die nicht am Spielgeschehen beteiligt waren, haben in dieser Zeit Fragebogen wie den SKSS, FIS oder den soziometrischen Fragebogen ausgefüllt.

Zu Beginn des Spiels wird ein Beobachtungsbogen ausgefüllt: Die Mannschaftsmitglieder - wir haben ihnen Nummern gegeben - werden notiert, und wer von ihnen auf der Auswechselbank Platz nimmt. Sobald ein Wechsel stattfindet, wird notiert, wer aus dem Spielfeld kommt, und wer dafür ins Spiel geht. Zusätzlich werden die Zeit und besondere Beobachtungen notiert. Anhand des Spielbogens kann man für jedes Mannschaftsmitglied die individuelle Spielzeit und damit auch die Abweichung von der Sollzeit bestimmen.

Schema zur Auswertung des Kastenballspiels

Spielzeit: 12 Minuten

Sollzeit: 7,5 Minuten

Mannschaftsmitglieder: 1, 2, 3, 4, 5, 6, 7, 8

Auswechselspieler zu Beginn: 5, 7, 8

Wechselprotokoll

Geht ins Feld	Kommt auf die Bank	Zeit	Bemerkungen
5	6	3.30	6 kommt freiwillig
7	1	5.00	7 zerrt 1 vom Spielfeld
6	5	7.30	6 ruft 5, 5 kommt sofort
1	2	9.00	2 wollte **nur** mit 1 wechseln
5	6	10.00	5 und 6 haben sich abgesprochen
2, 8	3, 7	11.00	3 kommt sehr unwillig nach häufigem Rufen auf die Bank, 4 hat auf Wechselwünsche nicht reagiert

Weitere Titel aus unserem Verlagsprogramm:

Stück	Titel	Best.-Nr.	Preis DM
	Ehrlich/Heimann		
	Bewegungsspiele für Kinder	1117	25,00
	Miedzinski		
	Die Bewegungsbaustelle	1120	24,00
	Zimmer		
	Spielformen des Tanzens	1129	32,00
	Treeß u.a.		
	Soziale Kommunikation und Integration	1110	39,80

Preisänderungen vorbehalten. Es werden die am Tag der Lieferung gültigen Preise berechnet.
Hiermit bestelle ich die o. g. Bücher:
(Absender auf der Vorderseite nicht vergessen!)

_____   _____
Datum   Unterschrift

bp 8102

Antwort / Postkarte

borgmann publishing ltd.
c/o verlag modernes lernen
P.O.Box 10 05 55
D - 4600 Dortmund 1

Bitte freimachen

Sehr geehrte Leserin, sehr geehrter Leser,

uns interessieren Ihre ganz persönliche Meinung sowie Ihre Interessengebiete. Beides ist für die zukünftige Arbeit unseres Verlages sehr wertvoll. Vorteil für Sie: Über entsprechende Neuerscheinungen werden Sie regelmäßig informiert. Sie erhalten unsere Bücher im Buchhandel oder direkt beim Verlag.

Diese Karte
entnahm ich dem Buch *Ungerer-Röhrich:* „Praxis sozialen Lernens"

Aufmerksam wurde ich durch

- ○ Empfehlung meines Buchhändlers
- ○ Empfehlung eines Bekannten
- ○ Schaufensterauslage
- ○ Pressebesprechung
- ○ Anzeige
- ○ Verlagsprospekt
- ○ Name des Autors
- ○ Geschenk

Mein Urteil:

Bitte informieren Sie mich ab sofort über Ihre Neuerscheinungen auf dem Gebiet

- ○ **Sozialpädagogik**
- ○ **Motorik**
- ○ **Rehabilitation**
- ○ **Sonderschulpädagogik**
- ○ **Systemische Therapie und Familientherapie**
- ○ **Ergotherapie**
- ○ **Musische Erziehung**

Name

Vorname

Beruf

Straße

PLZ/Ort

Auswertung

Spieler	1	2	3	4	5	6	7	8
Spielzeit	8	10	11	12	6	6	6	1
Abweichung vom Sollwert	+0.5	+2.5	+3.5	+4.5	-1.5	-1.5	-1.5	-6.5

Normalerweise kann der Lehrer nicht mehr als eine Mannschaft beobachten, vor allem, wenn er auch noch die gerade nicht spielenden Mannschaften beaufsichtigen muß. Entweder beobachtet man jede Mannschaft im Verlauf des Turniers einmal, oder man bittet einen Kollegen für eine Stunde hinzu, der die Beobachtung der anderen „Bank" übernimmt.

Das Kastenballspiel oder ein anderes, spannendes Spiel kann man auch einsetzen, wenn man anstelle der beschriebenen Spielzeitanalyse „nur" informell das Spiel- und Wechselgeschehen beobachten will. Beim Spielerwechsel kann man folgende Aspekte analysieren:
— Wird freiwillig gewechselt, nach Aufforderung, durch Zwang?
— Wird ein Wechselwunsch eines Auswechselspielers abgelehnt, ignoriert oder (wenig) später erfüllt?
— Wird ein Wechselwunsch geäußert, wird er an jemanden gestellt, der erst kurz spielt?
— Wird gestritten, wer mit wem wechseln soll?

Die Kommentare, die die Spieler auf der Bank geben, die sie sich während des Spiels zurufen, oder die Kommentierungen nach Spielschluß kann man ebenfalls analysieren:
— Kommentierung des laufenden Spiels: Werden Mitspieler gelobt, angefeuert oder beschimpft? Wird der Gegner anerkannt oder beschimpft?
— Kommentierung nach Spielschluß: Werden Spieler gelobt, wird eine Leistung anerkannt, wird jemand beschimpft oder heruntergemacht, für kommende Spiele auf die Bank verbannt? Wird das Auswechseln kommentiert? Wie?

Wenn man das Turnier mehrfach durchführt, sollte zunehmend (pro-)soziales Verhalten anstatt diskriminierender Reaktionen beobachtet werden können.

Mangelsituation
Eine weitere Möglichkeit Schülerverhalten zu evaluieren, kann ebenfalls einfach in den Unterricht eingebaut werden: eine Mangelsituation. Ähnlich wie beim Kastenballspiel ist auch hier der Grundgedanke, daß sich nicht alle Schüler an einer attraktiven Spielmöglichkeit beteiligen können. Im Un-

terschied ist hier die Wettbewerbsorientierung jedoch mehr oder weniger bedeutungslos.

Eine Mangelsituation kann beispielsweise dadurch entstehen, daß nur für rund ein Drittel der Klasse Federballschläger mitgebracht werden, und dazu halb so viele Bälle wie Schläger vorhanden sind. Die Schüler haben die Möglichkeit, sich 10 Minuten lang frei mit dem Spielgerät zu beschäftigen. Beobachtet werden kann etwa, wer wie lange im Besitz des knappen Gutes ist. Geben einige Schüler den Schläger überhaupt nicht ab, weder freiwillig, noch nach entsprechender Bitte? Lassen sich vielleicht einige Schüler auch Spielformen für vier Schüler und zwei Schläger einfallen? Oder wechseln sich Schülergruppen nach einer gewissen Zeit regelmäßig ab?

Der Lehrer kann aber auch eine quantitative Auswertung vornehmen. Hierzu notiert er zunächst in einem entsprechenden Schema, wer mit welchem Federball spielt. Um die Beobachtung zu erleichtern, haben wir Federbälle unterschiedlicher Form benutzt. Nach dem gleichen Muster wie beim Kastenball werden die erhobenen Daten ausgewertet. Anhand des Protokolls wird ausgerechnet, welcher Schüler wie lange gespielt hat. Wenn beispielsweise 5 Spiele für 30 Schüler zur Verfügung stehen, darf jeder Schüler bei 10 Minuten Gesamtspielzeit 3,3 Minuten spielen ((Spiele x 2 x 10 Minuten)/Anzahl der Schüler).

Von prosozialem Verhalten bzw. einer positiven Veränderung im Sozialverhalten kann man dann sprechen, wenn das knappe Gut (zunehmend) gleichmäßig auf alle Schüler verteilt wird.

Wenn Sie von den hier vorgestellten Evaluationsverfahren Gebrauch machen wollen und dazu noch Fragen haben, so schreiben Sie uns bitte. Unsere Anschrift ist: Institut für Sportwissenschaft der Technischen Hochschule Darmstadt, Hochschulstraße 1, 6100 Darmstadt. Natürlich sind wir interessiert, was für Erfahrungen Sie mit unseren Vorschlägen machen. Wir freuen uns über jede Rückmeldung.

8. LITERATUR:

BECKER, P.: Aufruf zur Vertreibung aus dem Paradies sportspezifischer Sozialisationsspekulationen. In: BECKER, P. (Hrsg.): Sport und Sozialisation. Reinbek 1982, 7 - 21.

BERNSTEIN, B.: Soziale Struktur, Sozialisation und Sprachverhalten. Amsterdam 1970.

BREMER, D./J. PFISTER/P. WEINBERG (Hrsg.): Gemeinsame Strukturen großer Spiele. Darmstadt 1981.

BRETTSCHNEIDER, D.: Spezifisches motorisches Leistungsvermögen oder soziale Kompetenz: falsche Alternative oder zentrales Problem der Sportspieldidaktik. In: DIETRICH, K./G. LANDAU (Hrsg.): Sportspiel im Unterricht. Schorndorf 1977, 15 - 26.

BRODTMANN, D.: Sportunterricht und Schulsport. Heilbronn 1979.

CACHAY, K./Ch. KLEINDIENST: Soziale Lernprozesse im Sportspiel. In: Sportwissenschaft 6 (1976), 291-310.

CHANDLER, M.J.: Egocentrism and antisocial behavior: The assessment and training of social perspective-taking skills. In: Developmental Psychology 9 (1973), 326 - 332.

COBURN-STAEGE, U.: Soziales Handeln durch Rollenspiel. In: Zeitschrift für Pädagogik 20 (1974), 551 - 566.

DAUBLEBSKY, B.: Spielen in der Schule. Stuttgart 1977.

DIETRICH, K.: Fußball spielgemäß lernen - spielgemäß üben. Schorndorf 1970.

DIETRICH, K.: Zur Methode der Sportspiele/Die Kontroverse über die Lehrweise der Sportspiele. In: DIETRICH, K./G. LANDAU (Hrsg.): Beiträge zur Didaktik der Sportspiele, Teil 1: Spiel in der Leibeserziehung. Schorndorf 1974, 74 - 82 und 93-101.

DÖBERT, R./J. HABERMAS/G. NUNNER-WINKLER: Zur Einführung. In: DÖBERT, R./J. HABERMAS (Hrsg.): Entwicklung des Ich. Köln 1977, 9 - 30.

DOLLASE, R.: Soziometrische Techniken. Techniken der Erfassung und Analyse zwischenmenschlicher Beziehungen in Gruppen. Weinheim 1973.

DOLLASE, R.: Struktur und Status. Begründung und Entwicklung von Verfahren zur Erhebung und Auswertung multikriterialer soziometrischer Daten. Weinheim 1974.

EBERSPÄCHER, H.: Soziometrie. In: SINGER, R./K. WILLIMCZIK (Hrsg.): Grundkurs Datenerhebung 2. Ahrensburg 1985, 165 - 197.

FEND, H.: Sozialisierung und Erziehung. Weinheim 1974 (7).

FRÖHLICH, W.D./St. WELLEK: Der begrifflich-theoretische Hintergrund der Sozialisationsforschung. In: GRAUMANN, C.F. (Hrsg.): Sozialpsychologie. 2. Halbband. Göttingen 1972, 661 - 714.

FURTH, H.: The world of grown-ups: Children's conceptions of society. New York 1980.

GEIST, V./W. WEICHERT: Soziales Lernen im Sportunterricht - Versuch einer Problemsammlung. In: Sportunterricht 30 (1981), 169 - 180.

GEULEN, D./K. HURRELMANN: Zur Programmatik einer umfassenden Sozialisationstheorie. In: HURRELMANN, K./D. ULICH (Hrsg.): Handbuch der Sozialisationsforschung. Weinheim 1980, 51 - 67.

GEULEN, D. (Hrsg.): Perspektivenübernahme und soziales Handeln. Frankfurt 1982.

GUTTE, R.: Gruppenarbeit. Theorie und Praxis des sozialen Lernens. Frankfurt 1976.

HABERMAS, J.: Thesen zur Theorie der Sozialisation. Raubdruck 1968.

HARTMANN, H./E. GRUHN: Orientierungslauf. Eine Einführung. Betrifft Sport 36.7. Aachen 1982.

HOLLOWAY, W. u. Autorenteam: Schul-OL. Uslar 1983.

HURRELMANN, K./D. ULICH (Hrsg.): Handbuch der Sozialisationsforschung. Weinheim 1980.

JONATH, U.: Circuittraining. Reinbek 1985.

KAMPER, D.: Sozialisation. In: WULF, Ch. (Hrsg.): Wörterbuch der Erziehung. München 1974, 540 - 546.

KELLER, M.: Kognitive Entwicklung und soziale Kompetenz. Stuttgart 1976.

KEMPER, F.J./K. PRENNER: Sozialisationsorientierte Ansätze in der Sportdidaktik. In: GRÖSSING, St. (Hrsg.): Spektrum der Sportdidaktik. Bad Homburg 1979, 133 - 172.

KESSELMANN, G.: „Dreiercircuit" als Möglichkeit soziomotorischen Trainings. In: Motorik 1 (1978) 4, 135 - 137.

KESSELMANN, G./H. BOLZ: Verbesserung koordinativer Fähigkeiten durch „Circuits zu dritt". In: Motorik 5 (1982) 1, 35 - 46.

KLEINDIENST-CACHAY, C.: Gruppenarbeit im Sport. Pädagogische Begründung und Hinweise zur unterrichtspraktischen Realisierung. In: Sportunterricht 29 (1980), 165 - 172.

KRAPPMANN, L.: Soziologische Dimensionen der Identität. Stuttgart 1975 (4).

KRAPPMANN, L.: Soziale Kommunikation und Kooperation im Spiel und ihre Auswirkungen auf das Lernen. In: DAUBLEBSKY, B.: Spiele in der Schule. Stuttgart 1977, 190 - 226.

MESTER, L.: Freizeitpädagogik. Schorndorf 1961.

MINSEL, B./D. BARTUSSEK: Sozialisation. In: HERRMANN, T. u.a. (Hrsg.): Handbuch psychologischer Grundbegriffe. München 1977, 437 - 451.

MEYER, H.: Leitfaden zur Unterrichtsvorbereitung. Königstein 1981 (4).

NEIDHARDT, F.: Sozialisation im Sport. In: ADL (Hrsg.): Sozialisation im Sport. Schorndorf 1974, 26 - 30.

OERTER, R.: Moderne Entwicklungspsychologie. Donauwörth 1974 (14).

PIAGET, J.: Äquilibration der kognitiven Strukturen. Stuttgart 1976.

PRIOR, W. (Hrsg.): Soziales Lernen. Düsseldorf 1976.

SCHERLER, K.H.: Mit Kleinen Spielen zu Großen Spielen. In: DIETRICH, K./G. LANDAU (Hrsg.): Beiträge zur Didaktik der Sportspiele III. Schorndorf 1977, 38 - 50.

SCHMITZ, J.N.: Studien zur Didaktik der Leibeserziehung. 2. Band. Schorndorf 1967.

SCHREINER, J.: Soziales Lernen in der Schule. In: Westermanns Pädagogische Beiträge 23 (1973), 415 - 421.

SCHÜTZENBERGER, A.: Einführung in das Rollenspiel. Stuttgart 1976.

SELMAN, R.L.: Sozial-kognitives Verständnis. In: GEULEN, D. (Hrsg.): Perspektivenübernahme und soziales Handeln. Frankfurt 1982, 223 - 256.

SHARAN, S./Y. SHARAN: Gruppenzentrierter Unterricht. Stuttgart 1976.

SILBEREISEN, R.K.: Förderung sozial-kognitiver Prozesse durch Rollenspiel? In: WENDLANDT, W. (Hrsg.): Rollenspiel in Erziehung und Unterricht. München 1977, 51 - 65.

SILBEREISEN, R.K.: Untersuchungen zur Frage sozialkognitiv anregender Interaktionsbedingungen. In: GEULEN, D. (Hrsg.): Perspektivenübernahme und soziales Handeln. Frankfurt 1982, 458 - 515.

SINGER, R./RÖHRICH-UNGERER: Zum Problem des „Sozialen Lernens" im Sportunterricht. In: HACKFORT, D. (Hrsg.): Handeln im Sportunterricht. Köln 1984, 37 - 66.

STRAUSS, S.: Inducing cognitive development and learning: A review of short-term training experiments. In: Cognition 1 (1972), 329 - 357.

TURIEL, E.: Conflict and transition in adolescent moral development. In: Child Development 1974, 45 (1974), 14 - 29.

ULICH, D.: Pädagogische Interaktion. Weinheim 1976.

UNGERER-RÖHRICH, U.: Eine Konzeption zum sozialen Lernen im Sportunterricht und ihre empirische Überprüfung. Dissertation, Darmstadt 1984a.

UNGERER-RÖHRICH, U.: Darstellende Spiele. In: Lehrplan DTB, Freizeitspiele. München 1984b, 67 - 75.

UNGERER-RÖHRICH, U./R. SINGER: Soziales Lernen im Schul- und Vereinssport. In: Sportpraxis 26 (1985), 17 - 20 und 50.

VOLKAMER, M./R. ZIMMER: Vom Mut trotzdem Lehrer zu sein. Schorndorf 1982.

WENDLANDT, W.: Verhaltensmodifikation durch Rollenspiele. In: WENDLANDT, W. (Hrsg.): Rollenspiel in Erziehung und Unterricht. München 1977, 15 - 49.

WEBER, R.: Alternativen zur Rundenstaffel. In: Sportpädagogik 3 (1979) 1, 46 - 52.

WITZEL, R.: Lernen und Leisten im Freizeitspiel (am Beispiel von Rückschlagspielen). In: DEUTSCHER TURNER-BUND (Hrsg.): Lehrplan Breitensport, Bd. 3: Freizeitspiele. München 1984.

WITZEL, R./UNGERER-RÖHRICH: Ideen zum Sportunterricht in der Berufsschule. Kassel 1986.